时代印记

王志艳 编著

寻找

亚历山大大帝

延边大学出版社

图书在版编目（CIP）数据

寻找亚历山大大帝 / 王志艳编著 . —延吉：延边大学出版社，2013.8(2020.7 重印)
ISBN 978-7-5634-5912-4

Ⅰ. ①寻… Ⅱ. ①王… Ⅲ. ①亚历山大大帝（前 356～前 323）—传记—青年读物②亚历山大大帝（前 356～前 323）—传记—少年读物 Ⅳ. ① K835.407=2

中国版本图书馆 CIP 数据核字 (2013) 第 209692 号

寻找亚历山大大帝

编著：王志艳
责任编辑：李　宁
封面设计：映像视觉
出版发行：延边大学出版社
社址：吉林省延吉市公园路 977 号　邮编：133002
电话：0433-2732435　传真：0433-2732434
网址：http://www.ydcbs.com
印刷：唐山新苑印务有限公司
开本：690×960　1/16
印张：11 印张
字数：100 千字
版次：2013 年 8 月第 1 版
印次：2020 年 7 月第 3 次印刷
书号：ISBN 978-7-5634-5912-4
定价：29.80 元

版权所有　侵权必究　印装有误　随时调换

时代印记

前言

历史发展的每一个时代，都会有对后世产生巨大影响的人物，都会有推动我们前进的力量。这些曾经创造历史、影响时代的英雄，或以其深邃的思想推动了世界文明的进步，或以其叱咤风云的政治生涯影响了历史的进程，或以其在自然科学领域中的巨大成就为人类造福……

总之，他们在每个时代都留下了深深的印记，烙上了特定的记号。因为他们，历史的车轮才会不断前进；因为他们，每个时代的内容才会更加精彩。他们，已经成为历史长河的风向标，成为一个时代的闪光点，引领着我们后人走向更加深邃的精神世界和更加精彩的物质世界。

今天，当我们站在一个新的纪元回眸过去的时候，我们不能不提起他们的名字，因为是他们改变了我们的世界，改变了人类历史的发展格局。了解他们的生平、经历、思想、智慧，以及他们的人格魅力，也必然会对我们的人生产生深刻的影响。

为了能了解并铭记这些为人类历史发展做出过巨大贡献的人物，经过长时间的遴选，我们精选出一些最具影响力、最能代表时代发展与进步的人物，编成这套《时代印记》系列丛书，其宗旨是：期望通过这套青少年乐于、易于接受的传记形式的丛书，对青少年读者的成长产生潜移默化的影响，使他们能够从中吸取到有益的精神元素，立志奋进，为祖国、为人类作出自己的贡献。

前言

本套丛书写作角度新颖，它不是简单地堆砌有关名人的材料，而是精选了他们一生当中最富有代表性的事迹与思想贡献，以点带面，折射出他们充满传奇的人生经历和各具特点的鲜明个性，从而帮助我们更加透彻地了解每一位人物的人生经历及当时的历史背景，丰富我们的生活阅历与知识。

通过阅读这套丛书，我们可以结识到许多伟大的人物。与这些伟人"交往"，也会进一步提高我们的思想品格与道德修养，并以这些伟人的典范品行来衡量自己的行为，激励自己不断去追求更加理想的目标。

此外，书中还穿插了许多与这些著名人物相关的小知识、小故事等。这些内容语言简练，趣味性强，既能活跃版面，又能开阔青少年的阅读视野，同时还可作为青少年读者学习中的课外积累和写作素材。

我们相信，阅读本套丛书后，青少年朋友们一定可以更加真切、透彻地了解这些伟大人物在每个时代所留下的深刻印记，并从中汲取丰富的人生经验，立志成才。

导 言
Introduction

亚历山大大帝（公元前356—前323年），即马其顿国王亚历山大三世，古希腊北部马其顿的国王。他是古代历史上著名的军事家和政治家，欧洲历史上最伟大的军事天才，马其顿帝国最负盛名的缔造者，被誉为西方四大军事伟人之一，（另三位是汉尼拔、凯撒、拿破仑）。而且，亚历山大大帝是历史上最早的一位军事伟人。

公元前356年7月，亚历山大出生于古希腊北部马其顿王国（今约南斯拉夫和保加利亚地区）的首都培拉。他的父亲是马其顿国王腓力二世，母亲是伊庇鲁斯王国的公主奥林匹娅斯。

少年时期的亚历山大，就在父亲的指导下接受严格的军事训练；13岁时，他拜大哲学家亚里士多德为师；16岁时，他开始跟随父亲出征作战；18岁时，他参加了喀罗尼亚战役指挥，初露锋芒，显示出了少年英雄的骁勇善战和雄才伟略。

公元前336年夏，腓力二世遇刺身亡，刚满20岁的亚历山大继承王位。被腓力二世所征服的希腊各城邦国和色雷斯、伊利里亚等地的一些部落，以为马其顿新国王年少无知，便纷纷趁机叛乱或宣布独立。

年轻的亚历山大对此并不害怕，而是率领部队进至巴尔干半岛，征服了背叛自己的伊利里亚等部落，将色雷斯人击退到多瑙河畔。随后，亚历山大又挥师南下，将希腊的底比斯夷为平地，迫使雅典归顺，平息了希腊诸城邦的骚乱，加强了科林斯同盟，巩固了自己的地位。

在消除后顾之忧，做好充分的征战准备后，亚历山大于公元前334年春，

时代印记·导言

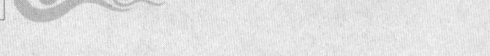

率兵从欧洲渡过赫勒斯滂海峡，拉开了长达10年的东征序幕。

此后，亚历山大率军历时8年，驰骋1900多千米，经格拉尼库斯河、伊苏斯、高加米拉三大战役及其他许多战斗，席卷小亚细亚，直入埃及，横扫波斯帝国本土，侵入印度，进抵希达斯皮斯河，建立起横跨欧、亚、非三大洲的"亚历山大帝国"。

尽管亚历山大的远征是一次侵略战争，军队所到之处，攻城掠地，洗劫焚毁了亚洲的一些古城，屠杀了不少和平居民，并令大批居民沦为奴隶，给东方一些国家带来了极大的灾难。然而，从对人类社会的发展来看，亚历山大也做出了不少不可磨灭的历史贡献。

在东西方贸易交往方面，因"亚历山大帝国"幅员广阔，使得希腊世界与西亚、埃及、中亚、里海，以及印度地区的交流日益发达，贸易也日益繁荣，从而促进了东西方经济的发展。

在东西方文化艺术和科学技术交流方面，亚历山大也起到了一定的积极作用。当时，有不少希腊的文学家、雕刻家、历史学家、地理学家、动植物学家等，都跟随亚历山大的东征军一起远行，前往东方进行考察研究和搜集资料、标本等，从而使西方文化和古老的东方文化互相补充，相得益彰，促进了东西方文化艺术与科学技术的频繁交流及发展繁荣。

公元前323年，亚历山大在巴比伦身亡，靠武力征服建立起来的庞大的马其顿帝国也随之分裂瓦解。虽然亚历山大与他所建立起来的帝国存在时间很短，但他的名字却永载史册，他的业绩也在世界史上占据着重要的地位。

本书从亚历山大的幼年生活开始写起，一直追溯到他十年东征，行程万里，创立马其顿帝国，再现了这位欧洲史上最杰出的统帅叱咤风云、一生征战的传奇人生，旨在让广大青少年朋友了解这位古代政治家、军事家不平凡的短暂人生经历，学习他那种勇敢、果断、无畏、坚定的品格，以及为实现自己的理想和目标永不服输的战斗精神，同时也对他的是非功过给予客观的评价。

目 录
contents

第一章　马其顿的崛起　/1

第二章　诞生于战乱之中　/11

第三章　勇敢驯服烈马　/19

第四章　年轻的国王　/29

第五章　平定巴尔干　/39

第六章　面对波斯帝国　/49

第七章　挺进小亚细亚　/56

第八章　巧解戈尔迪翁绳结　/64

第九章　初败大流士三世　/71

第十章　征服提尔城　/78

目录

第十一章　亚历山大在埃及　/84

第十二章　决战高加米拉　/92

第十三章　大流士三世之死　/100

第十四章　东方化引发的冲突　/109

第十五章　洗劫七座城池　/117

第十六章　向印度进军　/123

第十七章　决定班师回国　/135

第十八章　艰难的回归　/143

第十九章　欧比斯事件　/150

第二十章　巴比伦离世　/161

亚历山大大帝生平大事年表　/167

第一章　马其顿的崛起

把财富分给别人,把希望留给自己,它将带给我无穷无尽的财富。

——亚历山大大帝

（一）

马其顿王国位于希腊半岛的北部边陲,其东南部是沿海平原,与爱琴海的忒麦海湾相毗邻,被称为"下马其顿";西部、北部是山区和高原,被称为"上马其顿"。

马其顿是希腊半岛进入文明时代较晚的地区。公元前5世纪,当希腊各地均已经步入古典文明的鼎盛时期时,马其顿尚处于原始的军事民主制时期。

马其顿人一向以牧养山羊为主,过着原始的游牧生活。他们说一种朴素的希腊方言,信奉希腊神祇,且以宙斯的后裔自居。每年的秋季,马其顿人都会在狄昂城的宙斯和缪斯诸神像前隆重献祭。

马其顿王国的早期历史比较模糊,没有具体的历史记载。根据一个古老的神话传谕,马其顿王权世代都由一个名叫阿尔戈阿代的王族继承。本书的主人公亚历山大大帝,就是该家族的直系后裔。

这一家族素来都以希腊后裔自居，而且也是唯一被允许参加奥林匹亚运动会的马其顿家族。传说，该家族是由南部希腊的阿尔哥斯迁徙过来的，其祖先可以上溯到希腊神话中的最伟大的英雄、宙斯之子赫拉克勒斯。

文明的希腊人勉强承认了马其顿国王的希腊人身份，但却一直视马其顿国家为蛮夷之邦，视马其顿人为化外之民，不愿将其纳入希腊民族的大家庭之中。

马其顿人最早的家园是忒麦湾西部的皮埃里亚地区。据神话传说称，德尔斐的阿波罗神曾指引马其顿人在一处水土丰美的地方营建都城，名为埃盖，意为"山羊出没的地方"。此后，马其顿的历代君主不断地拓土开疆，马其顿的版图也日益增加。如此一来，平原地区的马其顿人也逐渐放弃了以前的游牧生活，过起了定居的城镇生活；旧的氏族组织也逐渐被地域行政区所代替。他们还不断向周围扩张，征服附近的土著人，营建殖民城市。不过与沿海平原相比，内地的山民仍然过着原始的部落生活。

公元前513年，波斯人侵入欧洲，马其顿也沦为波斯帝国的附庸。不过，波斯王薛西斯一世将广阔内地山区的统治权授予了亚历山大，亚历山大即成为马其顿的国王，称亚历山大一世。此后，内地的山民也被称为"马其顿人"。

亚历山大一世即位后，曾受波斯王薛西斯之托，为促进希腊与波斯的友好进行斡旋，同时为建立马其顿—雅典的友好关系奠定了良好的基础。

亚历山大一世死后，他的儿子坡狄卡斯继位，称坡狄卡斯二世。坡狄卡斯即位后，在公元前460—前413年间，由他父亲亚历山大一世所建立起来的马其顿—雅典的关系得到了进一步的发展。坡狄卡斯二世死后，由阿克雷亚斯继位。

阿克雷亚斯即位后，励精图治，锐意改革，发展贸易，修筑堡垒，增强国防，同时大力鼓励文化艺术交流，吸引了大量的希腊诗人和哲学家到马其顿来，促进了马其顿文化艺术的发展和进步。

遗憾的是，阿克雷亚斯在位时间并不长，不久就病死了。随后由阿明塔斯继位，称阿明塔斯二世。

阿明塔斯二世继位后不久，邻近的一些部落，以林赛人为首，发现马其顿国势衰弱，不断对其发动侵略战争，而且屡屡获胜。

不过，此时这些部落对马其顿的侵略还只属于种族内部的斗争。在这些入侵部落当中，有一个最有势力的酋长向阿明塔斯二世提出了一个条件，称如果阿明塔斯二世愿意娶该族的女子为王后，他就从马其顿退兵。

为了维护国家的安定，阿明塔斯二世答应了酋长的要求，按照他的指定娶了该族一名女子攸瑞蒂西为王后。这位王后，就是亚历山大大帝（三世）的祖母。

攸瑞蒂西王后为阿明塔斯二世生了三个儿子：长子为亚历山大二世，次子为坡狄卡斯三世，三子为腓力二世。公元前359年，阿明塔斯二世去世，由其长子亚历山大二世继位。

（二）

亚历山大二世即位后，因年幼无能，国家内祸四起。一方面，有奸臣保萨尼阿斯与外地勾结，图谋不轨；另一方面，母后攸瑞蒂西与女婿托密雷互相勾结，阴谋让托密雷篡夺王位。

有一天，保萨尼阿斯率兵从外面攻入王宫，而攸瑞蒂西王后则按照保萨尼阿斯的计划行动，派人跑到国王亚历山大二世面前，趁宫廷内混乱之际，将亚历山大二世刺死。

攸瑞蒂西王后认为，这样就可以让托密雷接替马其顿的王位了。但是，马其顿国人对国王一向忠心耿耿，对阴谋叛乱的奸臣恨之入骨，因此群起反对，致使攸瑞蒂西的阴谋未能得逞。

攸瑞蒂西见形势不妙，只好带着次子坡狄卡斯和三子腓力逃到雅典寻求庇护。雅典老将埃费克提斯接受了攸瑞蒂西的请求，帮助她清除了马其顿宫廷内的敌手，并扶持她的次子坡狄卡斯继承了王位，称攸瑞蒂西为王后三世。

坡狄卡斯三世即位时，年幼无知，马其顿王国便由攸瑞蒂西王后与托密雷摄政。后来，坡狄卡斯三世长大后，因对母后的所作所为十分不满，依法处决了托密雷。这样一来，攸瑞蒂西对其次子坡狄卡斯三世怀恨在心，遂勾结林赛人，于公元前359年再次入侵马其顿。

攸瑞蒂西的行为令坡狄卡斯三世义愤填膺，遂率兵御驾亲征，结果战死沙场，国土沦陷。这样，阿明塔斯二世就剩下腓力一个儿子了。

王兄不幸战死沙场，24岁的腓力亲王临危受命，被前线军队拥戴为王，史称腓力二世。腓力二世就是亚历山大大帝的父亲。

腓力二世生于公元前382年，父亲阿明塔斯二世去世那年，他年仅13岁。翌年，当底比斯军队入侵马其顿时，他被送给伊巴密浓达作为人质。

所谓人质，也就是被一方派往对方处居留，以其生命保证一方履行某项诺言或某项条约的人；或指被一方居留，被用来迫使对方承诺或履行某项条件的人。这种人通常都会受到监禁，失去人身自由，甚至被对方处死。

伊巴密浓达是古希腊的一位著名统帅和政治家，曾与民主派领袖佩罗皮达共同领导底比斯城邦和民主方式重建的俄提亚同盟。在他们二人共同执政时期，底比斯一度发展成为古希腊势力最为强大的城邦。

自公元前378年开始，伊巴密浓达就多次出任底比斯军队统帅。公元前371年，他还指挥莱夫科特拉战役，大败斯巴达的军队。后来，他又率军三次远征斯巴达，从而导致斯巴达迅速衰败，伯罗奔尼撒同盟解体。

自从得到马其顿小王子腓力这个人质后，伊巴密浓达不仅没有虐待他，反而还对腓力产生了好感。这个小王子长着一对明亮的大眼睛，高高的鼻子，一头金色的卷发，十分英俊。而且，他还聪明伶俐，好学多问，有着强烈的求知欲和好奇心。凡此种种，伊巴密浓达都看在眼中，喜在心上，甚至慢慢将腓力当成了自己喜爱的孩子，这让腓力受宠若惊。

在初为人质时，腓力对自己的身份非常怨恨，一想到自己可能永远都会被"囚禁"在底比斯城中，就会捶胸顿足，怨天尤人，甚至暗暗憎恨自己的父母和家庭出身，常常为此闷闷不乐。

然而，自从得到伊巴密浓达的喜爱之后，腓力顿觉自己的生活发生了转变，一切也都有了新的希望。所以，他在内心中也渐渐对伊巴密浓达产生了崇敬和感激之情。

伊巴密浓达对腓力关怀备至，精心栽培，经常为他讲授兵法，讲授他所独创的方阵战术，好学的腓力常常都听得入了迷。

当部队要举行方阵战术实兵演习时，伊巴密浓达也经常带着腓力一起到现场观摩。在一个大雪纷飞的冬日，伊巴密浓达带着腓力登上一座小山，观看了一次由上万人组成的方阵演习。

在战鼓雷鸣之声中，指挥官一声令下：

"成方阵列队！"

听到命令的上万名底比斯兵士迅速列成了几个大方阵，每个方阵的编成内部都有重装步兵、轻装步兵、骑兵、盾兵以及射手和投掷手，气势相当壮观。

这时，指挥官又一声令下：

"准备冲击！"

接着，各方阵立即变换成为冲击纵队，每纵队纵深为二十五盾，前面八列为左手执护盾、右手执长枪的重装步兵，两翼是机动灵活、可以随时调整的骑兵与轻步兵。

当"冲击开始"的号令发出后，在一片喊杀声中，各个冲击纵队开始冲击，势力犹如排山倒海，站在小山上的腓力简直看得眼花缭乱，目瞪口呆。一时间，他完全忘记了自己还是个人质，竟情不自禁地问伊巴密浓达：

"我什么时候才能有幸指挥这样的部队去冲锋杀敌啊？"

伊巴密浓达不但没有怪罪腓力，还笑着对腓力说：

"孩子，不要着急，水到渠成。你要记住，有志者，事竟成。"

从此以后，腓力便萌发了亲率这支部队杀敌报国的梦想。也是从这天开始，腓力成了一个奇特的人质。

（三）

一转眼，腓力已经在底比斯度过五年的时光。在伊巴密浓达的亲切教诲下，腓力进步很快，并从伊巴密浓达身上学就了一身好本领。伊巴密浓达见腓力骑马射箭都技艺不凡，而且又表现出惊人的机智和勇敢，便让他当了自己的贴身护卫。

当时与腓力一同为伊巴密浓达担任贴身护卫的，还有一个名叫尼阿卡斯的青年。他来自底比斯山区，是个孤儿，比腓力大两岁，与腓力生死与共，情同手足。

公元前364年初冬，大雪纷飞，朔风凛冽，伊巴密浓达因看到底比斯国势渐衰而忧虑患病，正躺在床上休息。尼阿卡斯走到他的面前，端给老将军一碗热汤，然后轻轻问道：

"为了请神保佑您的健康，我们想到特尔斐神庙去拜祭神灵，可以吗？"

伊巴密浓达几乎不假思索地说：

"是的，应该去。为了表示对神的虔诚，即使骑马走上几天，天气又刮风下雪，也还是应该去的。你可以同腓力去做些准备，一块结伴去吧。"

这时，站在伊巴密浓达病榻前的腓力听完老将军的话后，几乎不敢相信自己的耳朵，以为老将军是在与自己开玩笑。要知道，腓力是个人质，是不允许随便外出的，更何况是要到那么远的地方去祭祀，这不等于是放虎归山吗？

还没等腓力缓过神来，伊巴密浓达又恳切地说：

"好了，你们赶快去准备祭品吧，明天就上路。"

第二天，腓力与尼阿卡斯便带着丰厚的祭品骑马飞奔而去。经过几天的驰骋，他们终于抵达特尔斐神庙。

两人进庙祭完神后，便在离庙不远的一家旅店住下。最后商定，两人各奔前程，都不会再回底比斯去了。

天亮后，腓力与尼阿卡斯依依惜别。尼阿卡斯要去小亚细亚另谋他途，而腓力则准备回到自己离别已经五年的马其顿去施展宏图。在握别时，尼阿卡斯诚挚地说：

"祝你成功。以后你有需要我的地方，我一定召之即来。"

腓力则说：

"也祝你一帆风顺，我一定会去找你的。"

道别后，两人各自踏上新的征途，从此腓力也结束了五年之久的人质生涯。

与阿尼克斯分手后，腓力归心似箭。经过几天的奔波，终于踏上了

7

他思念多年的马其顿大地。他想尽快回到马其顿王宫，好运用自己在希腊所学的兵法和所受的文明熏陶，在马其顿大展宏图。

回到马其顿王宫后，腓力受到了热烈的欢迎。当时，马其顿的形势日渐艰险，可谓内忧外患，交相逼迫，国家处于生死存亡之秋。

公元前359年，腓力继承王兄坡狄卡斯的王位，成为马其顿的国王，史称腓力二世。马其顿王国的变革时代正式开始。

腓力登位之初，先以重金贿赂北方的蛮族，暂时保住边境的平安，然后集中兵力击溃王位的挑战者，巩固自己的王位。政权巩固后，腓力二世才开始大刀阔斧地进行军事改革。

公元前358年春，腓力二世率领一支强大的军事力量开赴边界，一举击溃了东北边境的派昂尼亚人，继而又向入侵西北内地的伊利里亚人宣战。经过一场激烈的战役，腓力二世率领部队歼敌无数，将敌人逐出国门。如此一来，内地诸侯也纷纷归附中央。

外患平定后，腓力二世又开始向东扩张，并迅速夺取了色雷斯海岸的金银矿区。年收入达1000塔兰特的金矿收入，为发展马其顿的国力提供了充足的资金，使马其顿王国从此走上了富强之路。

从公元前356年开始，腓力二世频繁地进攻雅典的海外领地和盟邦，并取得了一系列的军事胜利。同时，腓力二世还致力于富国强兵的改革，加强中央王权，废除各部落的自治权，吸收各部落显贵入朝供职，招募内地部落成员入伍。

在内地，他还积极建立新城，让当地人与沿海移民混居，以加强民族融合和民族认同感。从这个意义上来说，腓力二世缔造了马其顿国家和民族。

此外，腓力二世还建立了一支职业化的民族军队，创建了战斗力极强的马其顿重装步兵方阵以及皇家伙友骑兵和步兵。此后，正是依靠这支训练有素的军队，腓力二世南征北战，纵横希腊，并最终剪灭群雄，成为全希腊的霸主。

从公元前353年开始，腓力二世南下出兵，干预希腊的内部事务。公元前348年，腓力二世率军吞并了卡尔西迪斯半岛，并迫使雅典于公元前346年同马其顿签订了和约。

随后，腓力二世又南下温泉关，占领佛西斯，吞并色萨利，控制了希腊最大的宗教组织——德尔斐近邻联邦。

公元前341年，腓力二世征服了色雷斯，不久又与雅典爆发战争。

公元前338年，腓力二世在喀罗尼亚一举击溃了雅典与底比斯的联军，结束了希腊半岛上城邦林立的局面。

同时，腓力二世还召集希腊诸邦联盟的代表，在科林斯召开了全希腊会议。会议的第一件大事，就是全面和平，并规定了以后希腊结盟的原则。然后，他又宣布私产的神圣不可侵犯，严禁任何以革命目的的重分土地，取消债务，解放奴隶。

改组后的希腊联盟与马其顿订立了攻守同盟，并组织联军，共同声讨波斯。此后，希腊诸邦虽然保持了其旧有的政治组织，但在军事和外交上须听命于马其顿。

科林斯会议标志着东方希腊化的历史新阶段，以马其顿为首的侵略集团正式形成。马其顿与希腊的军界、商界中的人士，更是强烈地要去争夺东方的巨大财富。

喀罗尼亚一战对马其顿来说举足轻重，被视为马其顿统一希腊半岛的起点。而在这一辉煌的战果之中，年轻的马其顿王子亚历山大功不可没。此时，他年仅18岁，率军在左翼一举击溃了著名的底比斯神圣兵团，初次显露出出色的军事天赋和身先士卒、骁勇善战的卓越品质。

亚历山大大帝在率领大军东征期间，路经一个小国，就派使臣前往，要求国王速来投降。这个小国家很穷，活着的人常常为自己准备好坟墓，而坟墓就在自家门前。但这个小国的国王却不理会亚历山大。亚历山大很惊讶，亲自去见小国国王。当他看到小国十分穷困时，就问："你们是怎样生活的？""人们对生活是不会满足的。"小国国王回答。亚历山大又指着坟墓问："为什么把坟墓早早挖在门前？""那是提醒人们，人最终都要死。"国王回答着，并且还取出一个骷髅给亚历山大看，"这是古代一个暴君的头骨。他干尽坏事，正在地狱受煎熬。"国王放下骷髅，接着又拿起一个，说："这是一位贤明君主的头骨，他爱民如子，死后升入天堂。"国王看着亚历山大，问道："你是两个帝王之中的哪一个呢？"亚历山大被问得目瞪口呆。他低下头默默地想了片刻，回答不出。这时国王拍拍他的肩膀，说道："你的财富太多，人们都会变成你的仇敌。人要知足啊！"亚历山大连连点头，拥抱了国王，然后惘然告辞离去。

第二章 诞生于战乱之中

山不走到我这里来，我就到它那里去。

——亚历山大大帝

（一）

公元前357年，腓力二世与伊庇鲁斯最强大的部落之一摩西亚国王涅俄普托勒摩斯的公主奥林匹娅斯结婚。伊庇鲁斯位于马其顿的西部，是一个比马其顿略小的国家。奥林匹娅斯个性奇特，感情外向，是个性格刚烈、敢作敢为的女子。

在伊庇鲁斯的一次祭祀活动中，腓力二世结识了奥林匹娅斯。伊庇鲁斯的宗教祭祀非常原始，且具有浓厚的地方色彩。参加这种祭祀的人，很容易进入一种亢奋状态，众人纷纷在神的面前狂言乱舞，最后在半醉半醒状态之中感受到神灵附体。

年轻的腓力二世看到这场祭祀，感到非常刺激，而且也十分欣赏奥林匹娅斯野性的美。两人一见钟情，不久结为伉俪。

公元前356年7月20日，在马其顿首都培拉的王宫中，奥林匹娅斯生下了一个健康漂亮的金发男孩。王后的女侍与助产士们都发出一阵欢呼声，感谢宙斯神的馈赠，让马其顿王室后继有人。这个婴孩，就是日后享誉世界的亚历山大大帝。

这个孩子一出生就显得很不平凡。他那哇哇的啼哭声使不少人都感到震惊，宫廷的占卜师阿迪曼图斯说：

"小王子必将像一头雄狮一样，勇猛无比，震撼世界！他将是我们马其顿的希望和未来。"

全城的人都为小王子的诞生欢欣鼓舞，奔走相告。

说来也巧，就在小王子出生的这一天，发生了几件颇不寻常的大事。

第一件事是：希腊人在小亚细亚埃菲萨斯城修筑的多座神庙中，有一座最负有盛名的阿尔忒弥斯（月亮与狩猎女神）神庙。这座神庙耸立在该城风景秀丽的一座小山上，每逢朝圣季节，人们纷纷前来拜祭，热闹非凡。可就在小王子出生的前一天夜里，这座神庙被一场大火烧得精光。在神庙的冲天火光中，埃菲萨斯城的巴比伦祭司们四处奔逃，纷纷声言大难即将临头，亚细亚不久将沦为他手。

第二件事是：在希腊伯尼奔尼撒半岛上举行的四年一度的奥林匹克运动竞技盛会上，腓力二世派往的战车队在比赛中一举夺魁，为马其顿王国争得了全会最高大奖。这件事极大地震动了整个希腊世界，使希腊人对马其顿刮目相看。

第三件事是：这一天，腓力二世的战将帕曼纽率领骑兵与伊利里亚人交战，首战告捷，攻占了伊利里亚靠近马其顿西北部的大片土地。这件事更加震动了希腊人，让他们对马其顿开始感到不寒而栗。

也几乎是在同时，腓力二世亲率4万大军在卡尔西迪斯半岛的征战中一举取胜，攻占波提狄亚城已经指日可待。正当两军酣战之时，腓力二世在战场上接到了喜得王子的报告。这个消息让腓力二世喜不自胜。他相信，在一系列捷报之中诞生的儿子，将来必定是个了不起的武士，是马其顿民族的希望，王国的未来。因此，他给小王子取了个颇有尚武色彩的名字——亚历山大（希腊语为"退敌者"），这是马其顿前代诸王惯用的名号。

亚历山大的出生，给腓力二世和奥林匹娅斯带来了巨大的快乐。因此，亚历山大从小也受到了父母特别的宠爱和多面的培养。母亲奥林匹娅斯性如烈火，富有幻想，唯我独尊，敢作敢为，而父亲腓力二世头脑冷静，多谋善断，智勇双全。从父亲身上，亚历山大继承了战将的才能，从母亲身上则继承了丰富的想象力。

为了能将亚历山大培养成出色的人才，腓力二世和奥林匹娅斯可谓想尽办法。还在卡尔西迪斯半岛酣战之际，腓力二世就提前向培拉发出一道命令。命令规定：

"凡是与亚历山大同日出生、身体健康的马其顿男婴，必须于满月之后送入宫中，由皇家抚养，以使其少年时能一起与亚历山大接受皇家教育，长大后担任亚历山大的卫士。至于他们的父母，则均将享受国家特殊的荣誉和津贴。"

正因为如此，后来集中到培拉皇宫中的男孩达百个之多。他们后来都成为亚历山大幼年的伙伴，经常陪亚历山大一起做有趣的军事游戏，接受严格的军事训练，其中不少人成年后还成为亚历山大的得力卫士和战将。这些人当时都被亲切地称为是亚历山大的"伙友"。

在这些人当中，有帕曼纽的小儿子菲罗塔斯，有阿迪曼图斯的长子阿里斯坦德，有安提卡的侄子哈帕鲁斯，还有来自上马其顿的穷苦少年赫淮提斯昂及出身于渔民之家的克雷图斯。他们，正代表着蒸蒸日上的马其顿王国。

卡尔西迪斯半岛的战斗刚一结束，也就是亚历山大出生的第二天，腓力二世就匆匆赶回培拉，与王后奥林匹娅斯一同商量亚历山大以后的培养问题。他们决定，专门从马其顿青山绿水的乡村挑选两个身体健康、姿色秀美、乳汁充足的农妇担任亚历山大的奶娘。接着，腓力二世又请来自己早些年结识的一位博学多才的女士杜波菲亚，担任亚历山大的启蒙教育老师。

在父母这样精心的培育之下,亚历山大一天天地茁壮成长起来。

(二)

亚历山大自幼就享受着良好、全面的宫廷教育,在心智和体能方面都得到了精心的培育,心灵体健,因而也被父母视为掌上明珠。与此同时,父母的性格志趣也潜移默化地影响着亚历山大的心理成长和自我人格的锻造。

父亲腓力二世是马其顿霸业的奠基者,在性格上也是个富有激情但又颇有自制力的人。在亚历山大的印象之中,父亲是个器宇轩昂的人。孩童时代的亚历山大,也亲眼目睹了父亲怎样让一个积弱不振的落后山国逐渐跻身于希腊群雄之列,并以雄厚的军事实力和灵活多变的外交手段,在希腊的世界里纵横捭阖。

父亲的政治野心、治国方略以及高超的政治手段等,都是年少的亚历山大十分倾慕的。亚历山大最崇拜传说中的母系祖先阿基里斯,《荷马史诗》中远征特洛伊的希腊英雄。他倾慕英雄人物所建立的丰功伟绩,渴望自己长大后能够建立更加伟大的功业。

不过,在现实生活中,父亲既是亚历山大效仿的榜样,也是他嫉妒和赶超的对象。每当父亲外出征战,有胜利的喜讯从前线出来时,亚历山大不仅不高兴,反而还忧心忡忡地对兄弟们说:

"什么好事都被父亲占去了,他还能给我们留下什么建功立业的机会呢?"

亚历山大的母亲奥林匹娅斯是个极富个性和激情的女人,有着极强的占有欲和嫉妒心。这种个性特征是很难适合家庭生活的。而且,在与腓力二世结婚后,奥林匹娅斯还依然按照自己部落的习俗,在居住的地方养着许多大大小小的蛇。每当伊庇鲁斯举行祭祀时，她还常常头戴常春藤，抱着血淋淋的蛇疯狂地跳舞。这些行为自然很难被腓力二世容忍，甚至令他感到厌恶。

不过，亚历山大似乎在某些方面更像他的母亲，比如一生都狂妄自大，唯我独尊。只是他也继承了父亲身上的许多优点，如头脑冷静，讲究实际，善于解决实际问题，且富有远见卓识。在某些方面，他甚至比父亲腓力二世表现得更出色。

幼年时的亚历山大腿脚敏捷，善于奔跑。有人问他，他是否愿意到奥林匹克竞技场上去较量一番。从小就目空一切的亚历山大说：

"当然可以，如果我的对手都是国王的话。"

在亚历山大看来，与平民一起竞赛是不适当的，他应该与国王竞赛才行。

腓力二世精力旺盛，妻妾成群，奥林匹娅斯只是他的妻子之一。由于奥林匹娅斯不能容忍腓力二世的不忠，所以两人之间的距离也一天比一天远，腓力二世也越来越疏远他的妻子。

随着感情裂痕的扩大，亚历山大的父母开始分居，腓力二世也开始寻找新的感情寄托。这种紧张的父母关系让幼年的亚历山大十分痛苦。他常常被撕裂于对母亲的爱和对父亲的崇拜之间。不过在父母之间的感情纠葛中，他一直都坚定地站在母亲的一边，逐渐疏远父亲。

后来，奥林匹娅斯被腓力二世遗弃，这更加动摇了腓力二世与亚历山大之间的父亲亲情。他常常会抱怨父亲妻妾众多，且所生的儿女对自己的嗣子地位也构成了威胁。对此，腓力二世告诉他说：

"既然你有许多竞争对手，就更应该以自己的勇敢正直赢得王位。我的人品如何无关紧要，今后全仗你自己！"

（三）

通常来说，马其顿的男孩到了7岁时就开始正式上学读书了。尽管腓力二世与亚历山大的父亲关系中出现过一些波折，但腓力二世还是很欣赏亚历山大身上所表现出来的技能和勇敢，因此也认定他日后可以继承自己的事业。他特意指定了一位名叫莱奥尼达斯的严格家庭教师指导儿子的课业。

莱奥尼达斯是以提倡贫乏的食物及艰苦的运动著称。虽然年幼的亚历山大对这种训练方式可能不太热衷，但他还是本分地服从规定。不过，腓力二世看得出来，在莱奥尼达斯的教导下，亚历山大将被锻炼成一位战士而非国王。

比如，一次夜行军会令他想吃早饭，而少量的早餐又会让他渴望晚餐。如此虽然能够锻炼男孩子坚韧的肉体，但对其心灵无甚助益。

腓力二世希望能够将亚历山大培养成一个文武双全的王子，他认为亚历山大应该接受通才的训练才行。一方面，他对亚历山大进行严格的军事训练，要他从小习武，学习骑马、射箭、掷标等，还给他讲授兵法，目的是要让他具有勇士的气质和战将的胆略；另一方面，为培养亚历山大的哲学思维、将帅才能和诗人激情等多种特质，他又开始为亚历山大寻找更适合的家庭教师。

公元前343年，即亚历山大13岁那年，腓力二世为亚历山大聘请了一位前任马其顿国王御医的儿子，名叫亚里士多德的家庭教师。

亚里士多德于公元前384年出生于马其顿的斯塔吉拉城。他与亚历山大两家是世交，他的父亲尼各马可曾是亚历山大的祖父阿明塔斯二世的御医。幼年时，亚里士多德曾在马其顿王宫中生活过，这对他的贵族气质的形成具有一定的影响。

17岁时，亚里士多德离开培拉，前往希腊的文化中心雅典，进入柏拉图所创办的学校学习，跟随柏拉图学习达20年之久。一直到柏拉图去世，亚里士多德才离开雅典，东渡爱琴海，前往阿索斯、米提利尼等地旅行、讲学。

当亚里士多德正在阿塔内斯讲学时，腓力二世派尼阿卡斯来请他，让他回培拉担任亚历山大王子的老师。

德国古典哲学家黑格尔在《哲学史讲演录》中曾经说：

"如果真有所谓人类导师的话，就应该认为亚里士多德是这样的一个人。"

这是一位哲学大师对亚里士多德的高度评价。

还有人将亚里士多德称为"学问之父"，因为亚里士多德奠定了逻辑学和生物学的基础，独创了逻辑学和生物学，集希腊哲学之大成，将希腊哲学爱智慧、尚思辩的精神充实了、具体化了，并达到了顶峰。正因为这些，令他成为一位享誉世界的大思想家。

不过，此时年纪刚刚四十出头的亚里士多德还没有成为如后来般的传奇人物，但身为著名的柏拉图的弟子，声望也够显赫了。腓力二世付给他优渥的待遇，同时还给了他一幢位于宁静的梅萨镇的可爱小别墅。梅萨镇就位于培拉的附近。在那里，亚里士多德大约教导亚历山大3年左右，让他学习各种学问。

作为一名导师，亚里士多德在刚来马其顿王宫时，腓力二世正要称霸希腊，梦想征服波斯，建立一个旷古未见的世界上最大的帝国；而王子亚历山大年仅13岁，简直就是一头未经驯化的幼狮，专横霸道，目空一切。这种环境似乎并不利于亚里士多德发挥自己的才智，让他的学问缺乏真正的用武之地。

可是，当亚里士多德来到马其顿王宫，见到亚历山大时，发现他不但长得英俊可爱，还十分聪明好学，有着强烈的求知欲，也有远大的抱负，因此很快就喜欢上了这个桀骜不驯的马其顿少年。

同样，亚历山大也很快就喜欢上了这位博学多识的哲学家。他后来常说，自己最敬仰的人就是亚里士多德，他爱亚里士多德胜于爱自己的父亲。

这可以说是一次事关重大的选择，并且将影响世界的历史发展。亚里士多德开始校正亚历山大生硬的马其顿方言，同时激发亚历山大对希腊文学的热爱、对科学方法的认知及逻辑的思考。

亚历山大也很快培养出了对希腊伟大戏剧家的欣赏。他对诗人品达作品的崇敬，可在多年之后，他率兵毁灭底比斯城时，独独对诗人的住所毫无侵犯的行为中显示出来。

但他最喜欢的，还是荷马的著名史诗《伊利亚特》。这是一部有关希腊对特洛伊作战的史诗。在亚历山大所受的教育当中，这是一本极其重要的书籍。从这部书中，他也学到了许多希腊的价值观以及思想。事实上，终其一生，每晚睡眠前，他的枕头下都放着此书及一把匕首。

第三章 勇敢驯服烈马

把世界当作自己的故乡。

——亚历山大大帝

（一）

亚历山大时刻都充满了活力，但是，像所有伟大的人物一样，他无论做任何事都会深思熟虑。亚历山大还很喜欢学习，这是他的家庭教师亚里士多德引导他走上这条路的。尽管有些知识艰深难懂，可他还是在哲学的形而上学领域和数学领域都获得了很大的成就。通过学习，他的思考能力和判断能力也有了很大的提高。

有一次，波斯皇族的使者来到马其顿，那时腓力二世正好不在，使者们看到了亚历山大，并有机会与他谈话。

他们以为，这个十几岁的小王子定会有兴趣听他们讲述那些关于繁华与壮丽的故事。因此，他们给他讲述空中花园的故事，那是由人力堆叠而成的最华丽的花园，矗立在高耸入云的拱桥上。他们还给他描述那些金子做的藤蔓，上面镶嵌着宝石来做装饰，环绕在君主的宝座上。还有那华丽的宫殿和规模巨大的城市，以及那些盛大的、充满各式各样娱乐的舞会……

然而让他们感到惊讶的是，亚历山大对这些根本不感兴趣，他时常会将话题转向波斯各国的位置、通向内陆的各条战线、军队组织、战术手段等，尤其对波斯国王阿尔塔薛西斯的习惯感兴趣。

亚历山大成熟的思想、远见和思考能力让波斯使者十分惊讶，他们把他与阿尔塔薛西斯进行对比，然后说：

"亚历山大将会是个伟大的帝王，而我们的君王却仅仅是个富有的帝王。"

波斯使者所做出的这个判断，在以后的日子里最终得到了证实。

事实上，冷静、谨慎、热情与充满活力，这些性格特征正是亚历山大日后成功的秘诀之一。他与他的著名战马布斯法鲁斯的故事，也正说明了这一点。

这一年，有一位色萨利客商给腓力二世带来一匹宝马，一开口就索价13塔兰特，并说明"言不二价"。腓力二世见此马毛色光亮，体型健壮，非同一般，心想：这一定是匹色雷斯骏马，不禁心中暗喜。

士兵们将马带到王宫附近的一个公园中，腓力二世和他的朝臣们都去观看。腓力二世还手持一把雪亮的宝剑走上看台，大声宣布说：

"今天谁能最先驯服这匹骏马，我的这口宝剑就赏给他。"

话音刚落，十几名侍卫官便竞相要求一试。第一个被允许试马的是腓力二世的侍卫长尼阿卡斯。当他满怀信心地一跃跳上马背时，众人都以敬佩的目光注视着他，以为他稳操胜券，国王的那口宝剑肯定是他的了。就在这时，忽然见那战马嘶鸣着在原地打转乱蹦起来，一下子就将尼阿卡斯摔到地上。

接着，在众人目瞪口呆之下，其他十几个侍卫官和勇士又轮番一一上场试马，但最终又一个个被摔下马背，有的甚至被摔得头破血流。

腓力二世见状，不禁大怒，大吼道：

"这哪是什么色雷斯骏马，肯定是一匹不可救药的野马，赶快把它牵走！"

马商一听，吓得赶紧跑过来，想牵马离开。

（二）

这时，在远处默默观看的亚历山大忽然跑了过来，大声说道：

"父王，这是一匹多棒的骏马！如果不要它那就太可惜了。不能驾驭它，那是因为太笨。现在，让我来试一试好吗？"

腓力二世听后，虽然暗自赞叹儿子的勇气，但口中还是不无轻蔑地反问道：

"难道你的骑术比我那些精良的皇家卫队还好吗？"

亚历山大不肯服输。他说：

"我一定可以驯服它。如您不信，我可以用这匹马的最高要价13塔兰特与您打赌！"

这时在场的人都笑了起来，驯马场上的气氛也骤然活跃起来。腓力二世见状，只好说：

"好吧，那你就试试吧！"

亚历山大之所以这样有信心，是因为他一直都在远远地观察着这匹马的动作，研究它的性格。他发现，这匹马之所以不停地狂躁嘶鸣，是因为它处于一个新环境中感到焦虑。

另外，它还被自己投射在地面上的巨大影子吓坏了。而且，那马强烈的兴奋并不是出于恶意，而是勇气、热情，以及对于自身高贵的意识，驱使它这样做的。

在得到父亲的同意后，亚历山大慢慢走到烈马面前，控住缰绳，轻轻地拍拍它的脖子，用柔和的声音安抚它，并以他轻松的态度来表明他并不害怕。因为马的特性是，一个人若是胆小谨慎地接近一匹烈马，它是立刻就能感知到的，并以轻视的态度来对待这个人，绝不会服从命令。而当一个骑手表现出冷静和勇敢时，它会出自天性地欣赏并服从他的指令。

最终马平静下来，接受了亚历山大的驯服。亚历山大趁机将马头掉转，让它看不到自己的影子，然后安静地脱下自己的斗篷，纵身跳上马背。他并不打算在它处于高度紧张之时控制它的行为，而是给它极大的自由，并用自己柔和的声音来鼓励它。等他发现马不再有反抗意图，只是急待奔跑之时，就让马奋蹄狂奔，并大声命令着，用脚踝磕打马腹。很快，这匹烈马就在亚历山大的吆喝声中，以最快的速度穿过平原。

腓力二世和朝臣们起初都紧张地观望着，等亚历山大掉转马头，纵马回奔时，都不由得欢呼起来，对他报以热烈的掌声。一匹马在通过奔跑得到满足之后，是很容易控制的，所以亚历山大安全地返回到腓力二世身边。

朝臣们都纷纷围上来，赞叹并祝贺亚历山大对这匹烈马的成功驯服。腓力二世更是高兴得泪流满面，亲吻着从马上跃下的儿子，高兴地说：

"我的孩子，去寻找一个配得上你自己的王国吧，马其顿这个小水塘盛不下你啊！"

亚历山大对这匹烈马的判断是正确的。此后，布斯法鲁斯（烈马的名字）变得温顺驯服，对主人绝对服从。在亚历山大的命令下，它会前腿跪下，以便主人更方便地上马。亚历山大拥有它很长时间，并将之作为自己最心爱的战马。

此后,许多历史学家都提到了这匹马的聪明敏捷,并认为它很适合作战。当布鲁法鲁斯在战争前披挂好时,它会因为得意和开心而产生一种类似于骄傲的情绪,这个时候除了亚历山大,谁都不能乘坐它。

(三)

亚历山大青少年时期的许多事迹,都体现了他的机智勇敢和桀骜不驯。凭借这些优秀的品质,他足以成为一个伟大的君王。不过,生于王族,亚历山大也不可避免地沾染上许多宫廷环境的观点和习惯,幸好有老师亚里士多德在一旁给予他指引和教导,让他受到了良好的教育。

亚里士多德在指导亚历山大学习的过程中,非常重视教学内容的取材和教学方法的革新。他既强调学问的博大精深,为学要博览群书,又强调学习要突出重点,精益求精。他重视传授、讲解,力戒灌输,但更重视启发诱导,鼓励独立思考和勇于创新。

与此同时,亚历山大还在亚里士多德的悉心教导下,广泛探讨涉及哲学、政治、历史、地理、经济、伦理、自然等多方面的问题。

比如,亚里士多德有一种根深蒂固的思想,认为奴隶制是自然规律在社会领域的自然表现,是"合理的""永恒的";希腊人是世界上最高明的人,而非希腊人特别是亚细亚人,都是野蛮人;野蛮人就必须要由文明人——希腊人管理和教育,才能由野蛮进入文明。这一思想对亚历山大后来的十年东征具有非同小可的影响。

不过,亚历山大并不完全拘泥于老师的思想,对老师的思想往往是创造性地学习和接受。有一次,亚历山大在认真研读了色诺芬所著的

《远征记》后，忽觉茅塞顿开，触类旁通，非常激动地向亚里士多德陈述了自己的读后感。他说：

"我认为，不应该笼统地认为希腊人就全部都是文明人，而非希腊人都是野蛮人。因为希腊人中也有野蛮人，非希腊人中也有文明人。希腊人和非希腊人都生活在同一个太阳之下，应该都是兄弟姐妹，因此也应该像接受一个太阳的沐浴一样，接受一个英明大帝的统治。太空只有一个太阳，那么大地也应只有一个大帝。老师曾告诉我，对希腊人要像对待朋友一样，而对非希腊人则都应像对禽兽一样，对此我不敢苟同。如果天下只有一个大帝，那就会消除希腊人和非希腊人之间的差异，只有善人和恶人之分了。善人是我们应善待的朋友，恶人才是我们应铲除的豺狼。现在，马其顿王国已经巍然屹立，如果能让我率领3万人的马其顿大军，我一定可以实现当年色诺芬所描述的远征波斯的未竟之志，打到巴比伦，直捣世界的尽头！"

亚里士多德听完亚历山大的这一番宏论后，不禁惊喜交加。惊的是，他发现亚历山大的统治欲望太过强烈，将来可能会成为一个独裁、专制的暴君；喜的是，他发现亚历山大抱负不凡，马其顿后继有人，希腊后继有人，波斯帝国必将败在亚历山大的麾下。

亚历山大跟随亚里士多德共学习了3年。在亚里士多德的悉心教诲下，亚历山大渐渐成长为一个真正的男子汉。他身材魁梧，相貌英俊。据说，当时希腊著名的雕刻家利普西斯曾为他雕刻了一尊雕像，深受他的喜爱。后人从古希腊的货币上便可见到这个栩栩如生的形象。

不仅如此，亚历山大还智慧超群，雄心勃勃。从他的身上，腓力二世看到了自己的希望，一方面为儿子感到无比自豪，一方面又深感对儿子还要加大投入，让他从实践之中磨练自己，给他一个真正的用武之地。

在巩固了在希腊北部的统治之后,腓力二世本想挥师南下,征服希腊。但鉴于希腊力量强大,腓力二世便将矛头指向赫勒斯滂海峡(今达达尼尔海峡),转而向东扩张。

公元前340年,即亚历山大16岁时,腓力二世在出兵前将儿子召回宫中,任命他为马其顿军副统帅,让他负责在自己出国征战期间全权处理国事。从此,亚历山大便成为一名初露锋芒的马其顿少帅。

在告别的宴会上,老师亚里士多德举起酒杯,诚挚地对亚历山大说:

"亲爱的亚历山大,为了你父亲与你自己未来的事业,干一杯吧。节俭固然是美德,但饮酒也是你的权利。只要你不忘记我的教诲就行了。不久后,我将离开你去周游世界,现在我衷心地祝愿你成为一个最伟大的人。"

(四)

返回培拉后,亚历山大开始代理国政,由经验丰富的国务大臣安提帕特辅佐。这次的职责十分重大,包括监督马其顿的国玺在内,而国玺是给予所有政府文件的官方核准标记。

宫廷中有些贵族认为,这个职责对于一个16岁还在学习文法和算术的男孩来说似乎太沉重了,但马其顿的亚历山大可不是普通的16岁男孩。他很有效地执行着他的新职务,且处处都以父亲的利益为主。这是亚历山大第一次尝到权力的滋味,而且处之泰然,就好像一生都在统治着一样。

在这一年中,亚历山大不仅有机会尝试了父亲王位的滋味,同时还有机会参与了一次战争。一支臣服于马其顿人的色雷斯人部落梅迪,利用腓力二世不在国内的机会起来反叛。这让年轻的亚历山大遇到平生第一次出掌军事统率权的机会。国内所有的军人，都听从于这个男孩的命令，并且服从地跟随他，进入现在属于保加利亚的山区作战，平息了叛乱。

随后，亚历山大像他的父亲一样，在当地建立了一座名叫亚历山德鲁波利斯（亚历山大城）的城市，作为马其顿的堡垒。腓力二世以前也兴建过一座殖民城市，命名为腓力堡，现在亚历山大这样做，显然是模仿父亲，同时也是与父亲比赛。

虽然亚历山大是第一次指挥作战，也只是平定了一个小规模的叛乱，但战争的胜利必然激起他这一生追求胜利和荣誉的强烈企图心。

与此同时，腓力二世也正在为一场较大的赌注进行着一次大规模的战争。

早在亚历山大出生之前，腓力二世就一直在扩张他的版图，一个接一个地征服反对他的独立希腊城邦。在当时，雅典是希腊所有城邦当中最强大且最具影响力的主要城市，也是希腊最大的文化中心。

有些雅典人渴望和平和统一，也希望腓力二世能够来接管雅典。他们梦想整个希腊半岛都能合并为一个希腊国，由一个政府统治。在他们看来，如果一个强大的政治实体也必然能够保护他们抵抗经常入侵的野蛮人，同时还能扩大希腊的势力范围。有些人还像腓力二世所想象的那样，可以攻击东方的大波斯帝国，并将波斯帝国内的希腊殖民地全部纳入自己的版图。

不过，大多数雅典人却认为腓力二世危及了他们所珍视的独立。希腊最著名的演说家狄摩西尼就曾连续三次发表反对腓力二世的演说，抨击腓力二世的侵略行为，号召雅典人群起抵抗"北方的野蛮人"。

为保持独立，他们还与底比斯结盟。底比斯是希腊的第二大城市。

雅典人一向以学者、艺术家和思想家著称，而底比斯人则以军人闻名。底比斯的"圣军"是一支由300名精英分子组成的军队，全心致力于军事学，被认为是无法击败的。雅典人和底比斯人都相信，只要他们联合起来，就必定能够摧毁傲慢的腓力二世。

可是，马其顿的国王腓力二世，利用自己多年在底比斯做人质时所学的军事知识，逐渐发展起一支具有底比斯军队所有长处的军队——同心协力、奉献精神、严格的纪律及卓越的战术。再加上，他还有一个英勇和智慧都超群的儿子——亚历山大。

对于国内的叛乱，腓力二世很快就得到了消息，并且对儿子亚历山大在讨伐梅迪战役中的作战表现十分满意。可以说，他将在课堂和战场上所学到的所有战略和领导才能，全部都传授给了亚历山大。如今，年轻的亚历山大俨然成为一名经验丰富的将帅。

之后，到亚历山大18岁时，腓力二世任命他为马其顿军队的一位将军，并且征召他前往喀罗尼亚战场参加战斗。

公元前331年初冬的一个晚上，在美索不达米亚的高加米拉平原上，马其顿士兵正在整装待发，准备与庞大的波斯帝国的百万雄师进行最为残酷的厮杀。在马其顿军营中，一个两鬓斑白的老将忧心忡忡地对他身前的亚历山大说道："请国王再考虑一下，毕竟我方与敌人的兵力相距甚远。为了胜利，将领们都希望今晚可以夜袭敌人的营帐！"亚历山大轻蔑地笑了。他望着这位一生戎马的老将，平静地说道："夜袭？不！我从来不去偷袭我的胜利！"

第四章　年轻的国王

当正义之剑挥出之时，听到作恶者的哭嚎是必然的！

——亚历山大大帝

（一）

在希腊北部平原展开的喀罗尼亚战役，是腓力二世与希腊之间的一次决定性战斗。当时，雅典与底比斯联军已经准备再次全力一战，如果腓力二世被打败，就意味着此次战役是他的野心的终结；相反，如果腓力二世胜了，那么控制整个希腊就将为期不远了。

对于此次战役，腓力二世信心十足。他知道雅典的海军力量强大，所以安排了一个假的军事调动，引诱敌人前来拦截，从而将雅典与底比斯的联军引到一个内陆战场。公元前338年8月4日的凌晨，腓力二世发动了进攻。

一声令下，3万马其顿士兵与同样数量的雅典和底比斯联军展开对峙。腓力二世的军队由骑兵和一个步兵方阵组成。方阵是由步兵几乎肩并肩地排列成密集的平行横队构成。

这种方阵本来是底比斯人发明的，但腓力二世将它进行了改进，增加了列数，同时又以巨大的长矛来作为士兵的武装。底比斯方阵中的士兵在投掷出他们手中的9英尺（约2.74米）长矛后，需要依靠后方来补给武器；但马其顿士兵手中的长矛长达15英尺（约4.57米），是紧握在手中刺出，而且无人能够接近这些手握长矛的士兵。腓力二世以这个方阵作为防卫队，骑兵则作为正式的攻击部队。

　　雅典军首先发起了攻击，当他们看到马其顿的方阵后退时，不禁大喜，以为马其顿方队不堪一击，因此纷纷争相前进，致使他们的阵线一下子变得稀薄而露出破绽。

　　其实，这一切都在腓力二世的预料之中。见雅典军队伍发生混乱，他立即下令，将方阵旋转，以打乱联军的阵势。随后，18岁的亚历山大率领马其顿骑兵团，开始进攻战场另外一边的底比斯军队。亚历山大率领的2000名骑兵作战勇猛，很快就将底比斯军队杀得大败。到中午时，马其顿王国的腓力二世已经在希腊获得了至高无上的权力。

　　不过，希腊人是不甘心失败的。在战败后，雅典曾严格要求战败的将军重新检讨战局，并且追究失败的责任。他们还动员国内年轻力壮的男人，包括奴隶和外国人在内都全部武装起来，决心与马其顿军抗战到底。

　　腓力二世同样也看到了希腊人的坚忍不拔。他们觉得，与其拥有统治希腊的虚名，不如拥有胜利的实质，这才是战争的上策。以马其顿的威力，可以将底比斯攻击得变成一片废墟，相信敌人也会知道并感到害怕。但对于雅典，猛烈的攻击只会引起希腊人更强烈、更持久的反抗。与其如此，不如在这个时候与雅典化干戈为玉帛。毕竟在此时，树敌太多对马其顿是不利的。

　　因此，腓力二世命人将在战场上牺牲的雅典将士的遗骨送回该国，并派遣使节直接与希腊诸国讲和。除了亚历山大之外，另外一位大使就是安提帕特罗斯。

　　腓力二世提出的讲和条件十分宽大，简直超过了战败国希腊的想象。因此，雅典将它的海上同盟解散，自动放弃博斯普鲁斯海峡的霸权，正式成为马其顿的一个忠实盟国。而且雅典出于对腓力二世的感激,还授予腓力二世与亚历山大父子以雅典公民权。

同时,腓力二世还释放了战俘,并且没有要求他们拿出赎金。依照当时的战争惯例,这可是前所未有的恩典了。过去,对战败国的要求和对战俘的处理都是非常残忍、暴虐的,与这一次相比简直有着天壤之别。这给希腊人留下了十分强烈的印象。

不过,对于另一个战败国底比斯,腓力二世的处理方法就显得比较严厉了。底比斯原是马其顿的同盟国,可在紧要关头它却背叛了马其顿。腓力二世对这种行为深恶痛绝,不仅解散了底比斯与其他城市所缔结的联盟,还派遣马其顿军队进驻底比斯城。

之所以对希腊如此宽大,还有一个重要原因,就是腓力二世想要的只是希腊联军(由所有希腊城邦支持)的统率权,以便他可以进军攻打波斯。这是他一生的梦想,也是他野心勃勃地攻打征服这些希腊城市的真正目的。

腓力二世最想消灭的是波斯帝国。战胜了波斯,就可以完成希腊的统一,同时那里也能提供丰富的掠夺品,增加希腊的财富。而且在波斯的国内,他也能获得支援,因为波斯帝国内部有许多地方都怨声载道;在波斯统治下的希腊殖民地也更期望能就此获得解放。

在证实腓力二世是个宽大的征服者之后,雅典也转而支持他的计划。不久,除斯巴达之外,其他城邦都纷纷加入支持腓力二世的行列。

(二)

公元前337年,45岁的腓力二世集马其顿国王、希腊联军最高统帅于一身。随后他宣布,马其顿军队和希腊联军联合行动,共同发动一次对波斯的战争。

然而事实上,腓力二世并没有计划马上全力投入这场战争。他只是派遣老将帕曼纽率领一部分兵力向赫勒斯滂海峡进军，相继占领了通往波斯的两大桥头堡，展开对波斯的攻势，而他自己却率领大部人马回到了马其顿首都培拉。

人们以为腓力二世返回培拉是为了养精蓄锐，准备不久后在帕曼纽先头部队的配合下，率大军从陆上和海上对波斯发动全面战争。但其实，腓力二世回国是为了迎娶一名女子。

腓力二世与奥林匹娅斯的关系早已疏远。公元前337年，腓力二世在宫廷中看上一位美丽的年轻女子，她是有权有势的贵族亚特拉斯的侄女克里欧佩特拉。腓力二世早已受够了妻子奥林匹娅斯的嫉妒、冷漠、自命不凡及她所饲养的宠物——蛇，所以决定与她离婚，迎娶新欢。

马其顿的法律是不限制国王娶妻人数的，但却只能有一位皇后。因此，腓力二世的决定将改变奥林匹娅斯所拥有的一切权势和地位。她虽然不怎么在乎腓力二世，但却也不愿意将皇后的位置拱手让给年纪比她的儿子还小的女子。

对于这件事，亚历山大是完全站在母亲这一边的。在他眼中，父亲的行为不仅是对家庭的侮辱，更是对素有野心的他在期望继承马其顿王位方面的一个严重威胁。毕竟，奥林匹娅斯是一直被视为野蛮人的伊庇鲁斯人，而腓力二世新娶的妻子则出身于高贵纯正的马其顿家庭。如果腓力二世与他的新妻子再生一个儿子，那么外国人奥林匹娅斯的儿子亚历山大，就会有需要证明王位继任合法性的问题了。

但对于腓力二世与奥林匹娅斯离婚，重新迎娶一位皇后这件事，朝中的贵族大臣们不仅不反对，甚至还暗中赞成。之所以如此，是因为亚历山大给了他们很大的威胁。虽然亚历山大当时还只是个青年，但他们已经预感到他将来一定是个厉害的角色。如果亚历山大成了气候，贵族们将难以驾驭他。

在马其顿贵族们的眼中，腓力二世虽然是国王，但他们知道如何去左右他，因此对腓力二世并不感到畏惧。腓力二世也只是名义上的国王，其实他不过是大贵族的代表而已。

亚历山大不同，这些贵族们似乎没有办法了解他的想法，他似乎生下来就是另一个世界的人物。所以，大贵族们在王位的继承问题上也发表过许多意见，并都想阻止亚历山大成为王位的继承者。

即使亚历山大此时对这些贵族们的想法还不是十分清楚，但在腓力二世的婚宴上，问题就变得明朗化了。新娘的叔父亚特拉斯，因喝醉酒而口无遮拦，在与这对新婚夫妇干杯时，祝福他们早生贵子，以"合法"地继承王位。很显然，他所指的"合法"，是指继承者应为纯马其顿血统，而亚历山大则有来自母亲的伊庇鲁斯血统。

对亚历山大来说，这无异于火上浇油。他愤怒地从座位上站起来，将手中的酒杯掷向亚特拉斯的头，然后大声吼道：

"那我算什么？是一个私生子吗？"

亚历山大的行为让腓力二世感觉很没面子。他怒火中烧，拍案而起，拔出宝剑就冲向儿子，可是却因酒醉不稳，一个跟头栽倒在地。

亚历山大见到父亲的样子，立即讥诮道：

"看吧！他还计划从欧洲进军到亚洲，可他连从一条长凳走到另一条长凳都办不到！"

为此，亚历山大和母亲奥林匹娅斯离开了马其顿。亚历山大将母亲安置在伊庇鲁斯舅父的宫廷中，自己则前往以前的敌国伊利里亚蛮族中安顿下来。那里严酷的气候及原始的生活方式，很适合他当时愤怒的情绪。

从此以后，妻子与丈夫、儿子与父亲之间的矛盾正式公开化。

（三）

不久，克里欧佩特拉就为腓力二世生下一个儿子，腓力二世对这

33

个儿子简直喜爱得不得了。腓力二世之所以对这个新生的小王子如此喜爱，还有另一个潜在的原因：为亚历山大经常与自己作对而感到寒心。腓力二世常常暗想，等将来他完全征服希腊和波斯后，就让这个新生的小王子继位。

因此，他对自己年轻美丽的妻子克里欧佩特拉更加宠爱，而对奥林匹娅斯和亚历山大则不闻不问。结果，这也导致奥林匹娅斯对腓力二世切齿痛恨，并萌发了对克里欧佩特拉的不共戴天之仇。

当然，亚历山大也对父亲疏远母亲和自己的行为而感到极大的不满，甚至常常希望自己能够早日取代父亲，独自率领大军攻打波斯，建功立业，获得荣誉。

一次，一位名叫德马拉图斯的科林斯人来拜会腓力二世。他与马其顿王室有亲属关系，因而也能直言不讳地介入腓力二世的家事。腓力二世向德马拉图斯打听希腊的局势，询问希腊各邦是否能和谐相处。德马拉图斯说：

"陛下，您不断地打听希腊的情况和未来的统一，却无法让家人和睦相处，这是会给人留下话柄的。"

腓力二世顿时醒悟，他立即委派德马拉图斯前往伊利里亚，说服亚历山大返回培拉，父子重归于好。

亚历山大虽然回来了，但对家人却没什么感情可言，一家人的相处也好像是在休战状态，随时都可能爆发战争。亚历山大怨恨他年轻的新后母，而在马其顿西方的伊庇鲁斯国王，也就是奥林匹娅斯的兄长，对他妹妹在马其顿所受的屈辱也感到气愤不已。

不过，在进行亚洲远征之前，腓力二世并不愿马其顿与伊庇鲁斯两国关系破裂，想尽力弥补，表示愿意将自己与奥林匹娅斯所生的女儿、亚历山大的亲妹妹克里奥帕特拉公主嫁给伊庇鲁斯国王，也就是将公主嫁给他的舅舅。在当时，舅父与外甥女通婚并没什么不可以，特别是在皇族之间。而且在他们看来，外甥女嫁给舅父，可谓亲上加亲。

伊庇鲁斯国王也不反对迎娶自己妹妹的女儿为妻，他甚至还很高兴这个婚姻可使他重新攀上马其顿的皇室。对于奥林匹娅斯和亚历山大当时的感受，他已无暇顾及。

公元前336年夏初，公主的婚期迫近，马其顿首都到处都充满了节日一般的喜庆气氛。在婚礼前夜，各邦使节云集培拉。腓力二世举行了盛大的晚宴，招待各方宾朋。在宴席上，他为自己即将开始的亚洲远征助威。

伊庇鲁斯和公主的婚礼是在马其顿旧都埃盖举行的。婚礼这天，埃盖城的圆形剧场里高朋满座，马其顿的上层人物和各邦使节聚于一堂，期待着婚礼上的戏剧表演和一支游行祭礼的队伍赶来。

腓力二世头戴金冠，身穿长袍，在神像的引导下，走在队伍的最前列。他的左边是新郎伊庇鲁斯国王，右边是自己的儿子亚历山大，身后簇拥着他的贴身近卫、文武百官、仪仗队和乐手们。街道两旁人头攒动，都争睹王室大婚的排场。

在步入剧场门口时，亚历山大首先奔向观众席为父亲寻找座位，腓力二世则示意卫士们后退一些，以便可以突出自己，接受场内观众的欢呼。

就在这时，一件意想不到的事情发生了：一个手持利剑的青年突然从剧场门口冲向腓力二世，一剑刺入他的侧肋。腓力二世猝不及防，当即倒在血泊之中……

所有的宾客都被吓呆了，好一会儿才醒过神来，随即去追捕凶手。凶手行刺得手后，正准备上马逃逸，却不慎绊倒，被赶上来的国王近卫当场杀死。

经调查，行刺国王的人是马其顿的一位有地位、有影响力的军官，也是卫队的最高统领，名叫波桑尼艾斯。他因为受到亚特拉斯的侮辱，而腓力二世又不为他做主，令他怀恨在心。

此外，据说凶手行刺国王还受了奥林匹娅斯的挑唆。这位受辱的王后对丈夫怨恨甚深，难以释怀。她盼望自己的儿子亚历山大能早日继承王位，以夺回自己的至尊地位，满足自己的虚荣心和权力欲，为此不惜采取这种极端的手段。

（四）

谋杀发生后，一位官员大步走向亚历山大，告诉他腓力二世的死讯和他即将继承王位的消息。按照马其顿的传统，新国王的产生须得到马其顿士兵大会的批准。于是，重要顾问和政治家们立即在埃盖召开临时士兵大会，在会上，他们用最冗长、惯例性的官方语言宣布亚历山大继承王位。

与此同时，亚历山大也要在会上发表继承王位的演说。与会者都饶有兴趣地看着这个不满20岁的年轻人究竟会在会上说些什么。但是，这个年轻人在演说中展示出了他的自信与决断能力。他说，他会继承父亲的王位，完成他的事业，希望自己可以做到最好。国内的事情都会继续下去，就像他父亲在世时一样。国家所发现的唯一变化，不过是国王的名字改变了而已。

随后，士兵们按照传统做法，用矛击盾，正式拥戴亚历山大登上王位。事实上，军队都很愿意支持亚历山大。自从他的第一次战役之后，他就赢得了军队的爱戴。

不过，反对亚历山大继位的声音也不是没有。亚特拉斯首先就站出来指出，他的侄女与腓力二世所生的男婴更适合继承王位。

为了消除这种声音，亚历山大迅速做出反应。他派遣一名亲信士兵，令其视情况逮捕或刺杀亚特拉斯，而这名士兵也圆满地完成了任务。对于亚历山大来说，让身为将军的亚特拉斯活在这个世上，岂不是太危险了！

而奥林匹娅斯的做法更加直接。在解决掉刺杀腓力二世的刺客后，她开始处置所有对自己儿子的王位资格有危险的人。历史学家对她如何处置腓力二世年轻的妻子和幼小的儿子有不同的说法，其中最慈悲且最可能的说法是：她强迫克里欧佩特拉看到自己的儿子死亡后，上吊自杀。另外还有种说法称，她将克里欧佩特拉母子拖入装满燃烧着煤炭的青铜容器上面，活活烧死。

不管她到底是如何处置克里欧佩特拉和她的儿子的，很显然，奥林匹娅斯属于那种容易引起别人认为她会狠毒行事的女人。

腓力二世遇刺身亡的第三天，在王宫的大广场上，马其顿王国隆重地举行了亚历山大国王的登基仪式和阅兵式。会场布置得庄严肃穆，阅兵式也进行得威武壮观。亚历山大身披黑色礼袍，仪表堂堂，在众人的一片欢呼声中，正式登基为马其顿国王。这一年，他年仅20岁。

登基之后，亚历山大借惩办刺杀父亲的凶手之名，乘机清除了宫内反对自己的政敌和王位竞争者，把过去对他不利的王族、贵族以及朝廷上的大臣们，都以谋反的罪名加以逮捕。事实上，这其中有许多人都是冤枉的，这可以说是亚历山大的报复行为。但通过这次事件，也表现出亚历山大在政治上的老练、果断和无情。

腓力二世的猝死，马其顿政局的突变，在周邻地区也引起了强烈的反响。希腊人、色雷斯人和伊利里亚人，都认为腓力二世之死是上天赐予他们的良机，认为新国王亚历山大年少可欺，缺乏应变策略，故而纷纷蠢蠢欲动，试图摆脱马其顿的控制。

雅典人首先在政治演说家狄摩西尼的煽动之下，通过法令纪念刺杀腓力二世的凶手，并联络波斯及亚洲的阿塔鲁斯，准备起事。

此外，安布拉西亚驱逐了马其顿的驻军，中希腊大邦忒拜也图谋反叛，其他希腊城邦则密切地关注着事态的发展，随时准备加入到反叛马其顿的行列之中。

面对严峻的局势，年轻的亚历山大首先关注的是后方希腊的稳定，尤其是对南部邻邦色萨利的控制。

色萨利是个联邦制国家，马其顿的藩属，腓力二世是那里的终身执政。而且，色萨利的骑兵十分强大，是马其顿兵力的重要组成部分，亚历山大对此十分清楚。

为了控制住色萨利，亚历山大领兵南下，结果发现色萨利已经派重兵守住了各个关口要道。亚历山大只好绕道而行，沿色萨利海岸南下，越过萨山，深入到色萨利的腹地。当色萨利人发现亚历山大的骑兵后，措手不及，只好召开联邦会议，推举亚历山大为联邦执政官。这样，亚历山大兵不血刃地重新控制了色萨利。

随后，希腊最大的宗教组织德尔斐近邻同盟前往温泉关开会，承认年轻的马其顿国王的领导地位；雅典也派出代表谒见亚历山大，表达了友好归顺的意思。于是，希腊各邦的代表齐集科林斯举行会议，选举亚历山大为希腊同盟的新盟主，代替他的父亲指挥对波斯的远征。

在返回马其顿的途中，亚历山大还顺路拜访了德尔斐的阿波罗神谕所，向女祭司求取神谕。这天恰好赶上神庙放假，女祭司拒绝为亚历山大履行求谶仪式。亚历山大不管这些，直接闯入女祭司的居所，拉着她的手硬往神庙里拽。女祭司急得直喊：

"孩子啊，你是不可战胜的！"

亚历山大一听，当即放开女祭司，大声说道：

"这就是我要的神谕。"

在日后艰苦的征战中，亚历山大始终都保持着这种自信：

"我是不可战胜的。"

第五章　平定巴尔干

士兵们，以往四千年历史在它后面瞠目注视着你们。

——亚历山大大帝

（一）

既然亚历山大已经巩固了自己的国王、盟主和最高统帅的领导地位，又有幸从父亲那里继承了一个强大的马其顿王国和一支富有战斗力的大军，所以人们都认为，亚历山大应该很快就会率军向波斯发起进攻。

但是。亚历山大并没有急于这样做，而是利用登基之后一年多的时间南征北战，巩固后方基地，锤炼军队，为东征波斯做更为充分的准备。这也证明，亚历山大不仅是一位战术家，能在战场上用兵如神，出奇制胜，还是个战略家，能在战争过程中深谋远虑，运筹帷幄，决胜千里。

在军队组建方面，亚历山大对父亲时代的老臣、老将和自己幼年时期的"伙友"都进行了适当的安排，让每个人都能发挥所长，有用武之地。

在安排好各种部队的指挥官后，亚历山大又责令各指挥官大力加强各自部队的建设,同时还亲自筹建马其顿的重装步兵、轻装步兵和重装骑兵,并补充了一些由希腊各城邦提供的部队,从而使马其顿军队的指挥日益加强,兵种日益健全,兵员日益增多。

同时,亚历山大还努力抓好部队的战术和技术训练,不断改进战术和战法。他的战术变幻莫测,战法灵活机动,其用兵之妙在于,能够根据实际情况适时地将部队投入战斗,又能适时地将部队撤出战斗或机动的其他方向。这种改革后的方阵战术具有非常鲜明的特点,方阵通常采用矩形,有时也采用正方形或其他阵形,有时还转为楔形攻向侧翼。

采用这种方阵战术,既能减少己方人员的伤亡,又能给对方造成强大震慑,迫使敌人闻风而逃,不战而降。

为了能熟练掌控这种方阵战术,亚历山大反复带领部队进行实际演练,每次演练都纪律严明,规模宏大,威武壮观。这一切都表明,亚历山大所铸造出的这支马其顿军队已经今非昔比,其综合战斗力也所向无敌,可以义无反顾地南征北战了。

正在这时,有情报传来,色雷斯地区的伊利里亚人和特里巴利人经常在马其顿的北部边界活动,有发动叛乱的迹象。这种情况并未让亚历山大感到意外,他早就料到父亲死后,这些人会有所行动。

亚历山大认为,如果让这些不安分的野蛮人留在自己背后而不令其彻底降服,那么他日后向波斯进军时,这些将后患无穷。为保障将来自己翼侧的安全,他必须尽早将这些人彻底征服。

于是,公元前335年,亚历山大率重兵穿过马其顿的莽莽林海和崇山峻岭,沿着父亲当年征战的路线,向位于巴尔干半岛、东濒里海、北界多瑙河、南临爱琴海、西邻伊利里亚和马其顿的色雷斯(今保加利亚南部部分地区)进军。

经过十几日的行程,马其顿军抵达色雷斯达希马斯山隘路,与一小股色雷斯敌军遭遇。敌军企图凭借其预先占领的制高点，阻止马其顿军队前进。

这条隘路是通往色雷斯腹地的必经之路，两旁都是悬崖峭壁，要翻过一座高山才能越过隘路。然而侦察发现，这条隘路最高处的两侧山头有上千名敌军扼守，而且他们拥有大量的特制战车和石块，居高临下，准备一发现马其顿军攻上来，就将战车和石块从上滚下。这对马其顿军十分不利。

亚历山大在了解对方的布军情况后，当即与方阵指挥官托勒密等人商量出一套巧妙的对策。接着，他到阵前对部队发布动员令说：

"这条隘路可谓天险，但这是我们进入色雷斯的必经之路，再大的天险我们也一定要越过。因此，我们要小心对付敌人从上面滚下的战车。我们必须奋勇向前，冲上最高峰！当发现敌人滚下的战车朝我们滚来时，我们的方阵应立即改变队形，向左右两旁散开，让战车从中间滚下山谷；当发现敌人滚下的战车已临近而来不及改变方阵队形时，全体人员应迅速原地卧倒，用盾牌紧紧护住身体，让战车从盾牌上方滚下谷地。"

随后，亚历山大下令进攻。当马其顿方阵向山上冲击时，色雷斯人果然向下滚动战车和石头，马其顿军迅速应变。眼看敌人呼啸而下的战车一辆辆滚落山谷，马其顿军无一人死于车下。

除了战车和石头外，色雷斯人使用的武器只有轻标枪和匕首，同时也没有什么防护装置。马其顿军很快就击溃他们，并一举攻上山顶，占领了隘口。

随后，亚历山大率领部队乘胜前进，一路所向披靡，经百日行程，终于深入色雷斯腹地，进抵多瑙河。

（二）

多瑙河是欧洲的第二大长河，发源于德国的黑林山东麓，向东流经今天的奥地利、捷克、斯洛伐克、匈牙利、南斯拉夫、罗马尼亚、保加利亚等国，在罗马尼亚的苏利纳附近注入里海，全长2800千米，是中欧和中南欧的重要国际航道。

亚历山大原本没打算越过这条宽阔且水流湍急的大河。他进抵该河的最初目的，就是想向色雷斯显示马其顿的军事威力，对河两岸的好战部落发出警告，让他们安分守己，在将来马其顿东征波斯时不敢在背后兴风作浪。

然而，当亚历山大率军进抵多瑙河时，特里巴利人和部分色雷斯人早已撤至河心的一个小岛上，准备依岛抵抗，拒不投降。

同时，居住在河对岸地区（今罗马尼亚）的盖太族人也正气势汹汹地拉开阵势，准备迎战马其顿军。

在这种情况下，亚历山大觉得，如果先过河将狂妄自大的盖太族人打败，那么留守在小岛中的特里巴利人和色雷斯人就会不攻自破。于是，他断然下令：渡过多瑙河，消灭盖太族人！

可是，要渡过多瑙河，仅靠当时拥有的十几条小船是绝对不行的。这一点，盖太族人也很清楚，所以气焰才十分嚣张，不断在河对岸大喊大叫，叫嚷着要与马其顿军决一死战。

面对这种情况，亚历山大陷入沉思。忽然，他看到队伍中士兵撑起的兽皮帐篷被狂风吹得一个个鼓了起来，这让他一下子来了灵感。他旋即下令，让士兵们收起帐篷，装入干草，缝成皮筏。利用这些临时制作的皮筏，趁着夜色，亚历山大未损一兵一卒，安然地将他的五千大军渡过多瑙河。

抵达对岸，也就是今日的罗马尼亚境内后，马其顿人藏身于高草丛中直至天明。天亮后，亚历山大的部队犹如神兵天降，突然出现在盖太族人面前。盖太族人大为惊恐，落荒而逃。他们在距离河道6千米处所建立的驻防，也顷刻间被马其顿人夷为平地。

晌午时分，亚历山大已经率领全军胜利地返回多瑙河南岸的驻地。接着，他又挥师西进，侵入今天的南斯拉夫地区。

至此，马其顿军队的力量以及作战的能力远近驰名，很快就传遍了多瑙河两岸的各个部落，震撼了整个巴尔干半岛。河流沿岸的部族开始派遣代表向所向无敌的亚历山大表示忠诚。而亚历山大也与这些使者或首领一一握手言欢，并向他们许诺，只要他们真心臣服，就尽弃前嫌，彼此相安无事。

亚历山大觉得，此时既然已经平息了色雷斯的伊利里亚人和特里巴利人的反叛，又臣服了多瑙河两岸的诸多部落，可以说原来北上的预定战略目标已经完全达到，可以班师回国了。

在率领大军回国的途中，亚历山大在色雷斯受到了阿格瑞安人异常热烈的欢迎。因为早在腓力二世在世时，阿格瑞安国王兰加罗斯就与亚历山大相识，彼此也很有好感，所以兰加罗斯对亚历山大这次率部来阿格瑞安领地小住感到十分高兴。

兰加罗斯不仅以最高的礼遇迎接亚历山大，还特意从自己的部队中挑选出500名精兵，交给亚历山大编入马其顿大军；同时还向亚历山大表示，自己愿意做亚历山大的近卫侍从。这样一来，亚历山大的大军中呼吁又增加了一支英勇善战的阿格瑞安部队。

公元前335年夏末秋初，亚历山大率部返抵色雷斯南部地区，准备返回马其顿王国。就这时，他接到了一个令人震惊的消息。

（三）

自从腓力二世遇刺后，受马其顿统治的希腊各城邦便开始蠢蠢欲动，有的想立即发动反马其顿的起义，有的想静观发展伺机而动。但是，多数城邦还是不敢轻举妄动，因为他们之间并不可能真正联起手来。

后来，亚历山大率兵前去镇压北方的色雷斯，较长时间没有音讯，并且又有谣传称，亚历山大在与伊利里亚人作战时全军覆没，亚历山大本人也已战死。

相信这一谣言的人逐渐增多，这让希腊各邦都欢天喜地，奔走相告，以为争取独立、摆脱马其顿统治的良机已经到来，科林斯和雅典也都加紧了反对马其顿的起义准备。但是。还没等他们付诸行动，底比斯人首先发动了起义。

底比斯人对马其顿的统治深恶痛绝，他们要为喀罗尼亚战役的惨败雪耻。因此，他们成立了起义部队，杀掉了马其顿派驻底比斯的外交人员，又消灭了马其顿驻底比斯城外的一支小部队，现在正准备向马其顿发动更大规模的进攻。

亚历山大在色雷斯南部得到这个消息后，十分震惊，一旦底比斯这个大城邦反叛成功，反马其顿的烈火就会迅速烧遍希腊的各个城邦，科林斯同盟也有解体的危险，他东征波斯的雄心也会难以实现。

亚历山大决定：立即向底比斯进军！

第二天刚刚拂晓，亚历山大便率领部队出发，直抵底比斯。半月后，犹如神兵天降，马其顿士兵突然出现在底比斯城下。

亚历山大先绕过底比斯城，到它的南部，在那里建立指挥部，以切断底比斯与雅典及其他希腊城市的联系，然后分散兵力包围了底比斯。在做好这些准备之后，亚历山大并不急于进攻，而是派使者进城，声称如果底比斯愿意主动投降的话，他就不会诉诸武力。

但是，亚历山大在耐心地等待几天之后，对马其顿怀有深仇大恨的底比斯人不但没有出城求饶，反而派出一支小部队出城，向马其顿部队进行骚扰，并杀死了一些马其顿士兵。

亚历山大见底比斯人如此，立即下令攻城开战，派出弓箭手加强掩护御林军爬墙攻城，同时又急派阿格瑞安部队的500名精兵向城门进攻。一时间，刀光剑影，万箭呼啸，杀声震天。在情况万分紧急的情况下，亚历山大又命令骑兵也同时投入攻击。

阿格瑞安精兵首先攻破城门，随后，御林军相继夺取了城门上的塔楼，后续部队也随后快速冲入城内。底比斯人惊魂落魄，四处奔逃，而马其顿士兵则穷追猛打，毫不留情。

由于底比斯的事先挑衅，亚历山大决定将底比斯这座古老、有历史性的城市彻底摧毁，作为对希腊其他城邦的警告，以收到杀鸡儆猴的效果。

因此，当马其顿士兵攻入底比斯后，见人就杀，有的底比斯士兵举手投降或下跪求饶，有的躲到神庙之中求神庇佑，有的老人、儿童和妇女吓得躲在家里不敢出门，但他们都无一幸免，全部被马其顿士兵杀掉。只有亚历山大受教于亚里士多德时，所仰慕的诗人品达的房子未曾波及。一时间，底比斯城充满杀气，满街横尸，血流成河，令人胆战心惊，目不忍睹。

最后，亚历山大下令，将底比斯的城墙全部拆除，房屋全部化为焦土。就这样，仅次于雅典的希腊名城底比斯顷刻间被夷为平地，底比斯城邦的属地也被瓜分殆尽。底比斯不复存在。

（四）

底比斯的毁灭就像一声惊雷，给希腊南部的所有城市以极大的震撼。尽管底比斯是唯一一个公开反叛的城市，但在其他地方也有很明显的反抗和不满的迹象。当亚历山大在希腊时，狄摩西尼保持沉默；亚历山大一离开，狄摩西尼立即开始竭力煽动对马其顿的反抗情绪，号召大家起来反抗亚历山大。

在演讲中,狄摩西尼称亚历山大仅仅是个男孩而已。雅典、斯巴达、底比斯这些城市却要服从于一个男孩,这是一件耻辱的事。底比斯正是在他的煽动之下,才决定叛乱的。亚历山大早就听说过这些事情。因此,在底比斯毁灭之前,他说:

"他们说我只是一个男孩,我现在就告诉他们,我是个男人!"

亚历山大的确用实际行动证明了这一点。他的行为超出所有人的预料,当他们认为他会在北方山川与野蛮的不知名的部落斗争时,他却突然出现并攻占了底比斯。在底比斯,他又发动了可怕的攻击,并冷酷地毁掉了这座城市。这一切都让希腊联盟意识到,他们所要面对的绝不是一个男孩,尽管从年龄上看他的确是。

至此,反对亚历山大统治的声音消失了,并很久都没有复苏的迹象。雅典公民大会也立即选出由10名亲马其顿而且颇有声望的人士组成的代表团,去晋见亚历山大,祝贺亚历山大平定底比斯之乱,并乞求亚历山大原谅雅典的不忠并治罪,雅典保证日后永远归顺马其顿。

在亚历山大看来,对雅典人的政策应从大局出发,不能把对底比斯的政策也用于雅典。雅典人前来请罪并提出归顺保证,这是明智之举。而且雅典还有一支强大的舰队,归顺之后,可以大大增加自己东征波斯的海军力量。

据此,亚历山大对雅典代表提出的要求和保证表示了接受。他热情地对那些诚惶诚恐的代表们说:

"对你们的要求,我愿意接受;对你们的保证,我也完全相信。以后雅典和马其顿就是一家人了,让我们在马其顿王国的伟大旗帜下,胜利前进吧!"

此时,那些原被吓得魂不附体的雅典代表们才如释重负,纷纷上前向亚历山大下跪谢恩。

不过，亚历山大也提出了一个要求，就是要他们交出能言善辩、一向与马其顿为敌的狄摩西尼交出来。雅典代表不敢反对，只好表示回国后会很快将狄摩西尼交出。

要将狄摩西尼交出并不是件容易的事，狄摩西尼在雅典可是个举足轻重的人物，能言善辩，影响广泛。所以，当雅典代表回来向公民代表大会报告称亚历山大要求交出狄摩西尼时，大会经过激烈的讨论，最终决定再去恳求亚历山大，请他饶了狄摩西尼一命。

亚历山大胸怀大局，最终接受了雅典人的请求，免交狄摩西尼。一时间，雅典人对亚历山大感激涕零，不禁高声呼喊：

"天神之子亚历山大万岁！"

这样一来，亚历山大的最高权力最终在希腊牢固地确定下来。当他回到马其顿的时候，国内举行了规模宏大的竞技、表演、游行等各项活动，并向神祇进献了牺牲。

现在，亚历山大开始关注对亚洲的远征事宜了。

公元前333年，亚历山大占领了芦荟原产地索克拉岛，获得了大量的芦荟。他准备利用这些芦荟为伤兵治伤。当时受伤化脓的伤兵在使用芦荟治疗后，伤口很快愈合，并再度参战。并且，在不习惯他国饮食时，他们还用芦荟作为饮料来调节服用，以维持士兵们的健康。此后，亚历山大继续东征时，都会下令士兵自己随身携带着大量的芦荟。

第六章　面对波斯帝国

狮子率领的羊群的战斗力远胜由绵羊率领的狮子。

——亚历山大大帝

（一）

回到马其顿后，亚历山大正式开始为他远征亚洲的计划做准备。他对这项伟大的计划充满热情。这位年轻的国王在考虑各项准备工作时，完全没有像他这个年纪的人所有的冲动和草率，相反，他对每项事务都安排得谨慎而细致，不论是国内事务还是与邻国的关系，他都竭力处理得最好。

亚历山大很快便将远征计划提上了日程，大多数官员都附和他的观点，只有两个人对此持反对态度。这两个人是安提帕特和帕米尼奥，两位德高望重的官员。以前，他们忠诚地辅佐腓力二世很多年，现在又开始竭尽全力地辅佐亚历山大。

安提帕特和帕米尼奥向亚历山大提出，如果他要出征亚洲，就会将整个马其顿陷入危险的境地。因为亚历山大没有家庭，没有直系王位继承人。一旦发生不幸，马其顿将会成为各个政治派系的猎物，党派之争也会迅速出现，每个派系都会支持自己的人选作为王位继承人。

他们所说的这些睿智而充满远见的话，最终也被证明是正确的，亚历山大最终正是死于亚洲。在他死后，他广阔的王国也变得四分五裂，国家陷入长久的动乱和内战之中。

　　据此，帕米尼奥和安提帕特认为，国王应该延后他的远征计划，首先在希腊各国的公主当中寻找一位妻子，完成传宗接代的任务，并花上几年的时间来整顿他的王国。完成这项事情之后，再远征亚洲。到那时，国内事务稳定下来，他离开马其顿也不会造成很大的影响。如果他得胜归来，一切事务自然会稳定有序地进行；而万一他在亚洲不幸身亡，他的王位也会按照规定继承下去，不会发生动乱、

　　但是，亚历山大没有接受这些建议，他迫不及待地要开始这场伟大的远征。因此，他任命安提帕特在他出征期间代理国内各项事务，而帕米尼奥则随同他一起出征。

　　亚历山大留下大约一两万的军队，由安提帕特统率，驻守马其顿。他选择了3.5万人跟随他出征亚洲。对于这样一个伟大的行动来说，这是人数很少的一支队伍。在这次行动的一两百年前，波斯国王大流士国王曾带领50万人入侵希腊，最终他战败回国。现在，亚历山大所带的人数不到当年大流士国王的十分之一，便以复仇的名义出征亚洲，其冒险程度可见一斑。

　　在亚历山大的3.5万军队中，有3万步兵和5000名骑兵，其中有超过一半的人数来自马其顿，剩下的则来自希腊其他王国。而大部分骑兵都来自色萨利。

　　色萨利是一个位于马其顿南部的国家，以马匹和骑兵出名，那里斜缓的山坡为饲养马匹提供了优良的草场，而山坡下面的平原则提供了广阔的训练骑兵的空地。色萨利的战马在整个希腊也都是出了名的，亚历山大的著名战马就来自色萨利。

　　作为马其顿的国王，亚历山大拥有大量的土地和财富。这些都是他

的私人财产，与国库的财富是分开的。在远征期间，他将这些土地和财富都分给了他的高级官员和重要将领，不论他们是随他出征还是留守马其顿。

亚历山大不留恋财富，对于他来说，这样可以收拢人心，让他们更好地为自己效力。可以说，这是一项支出，不是一项礼物，但他的朋友们却认为他慷慨无私。他们曾问他，这样将所有的财富都送出去了，他给自己留下了什么？

"希望。"

亚历山大回答说。

（二）

公元前334年初春，赫勒斯滂海峡战云密布，亚历山大率领东征军在此集结，酝酿已久的东征波斯计划即将付诸实施。

在将近一个半世纪以前（公元前480年），赫勒斯滂海峡也曾尘烟滚滚，波斯帝国的百万雄狮踏上欧洲的土地，弱小的希腊面临灭顶之灾。然而，酷爱自由的希腊人创造了奇迹，在萨拉米斯海战中，希腊海军打败了数倍于己的波斯舰队，薛西斯国王征服希腊的美梦破灭。

第二年，波斯陆军又在普拉提亚战役中全军覆没，希腊人再次创造了以少胜多、以弱胜强的战争奇迹。

希腊人虽然曾经战胜过波斯，但却从未奢望能够征服波斯。在当时的希腊人眼中，波斯仍然是个强大的帝国，拥有希腊人难以想象的人力、物力、财力和广袤的领土。

然而，一件小事却大大地改变了希腊人对波斯的看法，波斯帝国的神秘光圈也完全消失。这件事就是历史上著名的"万人远征"。

公元前401年，波斯王子小居鲁士在小亚细亚起兵，率领一支以希腊雇佣军为主力的约1.3万人的远征军，开赴内地，与其兄阿塔薛西斯二世争夺波斯王位。在巴比伦附近的库纳克萨战役中，小居鲁士意外阵亡。失去雇主的希腊雇佣军在历史学家色诺芬的领导下，历尽万难，最终摆脱了波斯大军的围追堵截，返回欧洲。

一支小小的希腊军队，竟然可以在广袤的波斯土地上纵横驰骋，如入无人之地，从千里之遥的亚洲内地安全返回，这充分暴露了波斯帝国的虚弱本质。为此，希腊重装步兵也被证明是当时世界上最具有战斗力的武装力量。

受"万人远征"事件的鼓励，公元前399年，希腊霸主斯巴达与波斯爆发战争。公元前396年，斯巴达王阿格西劳斯前往小亚细亚战场指挥与波斯人的战争，最终取得赫赫战果。

正当阿格西劳斯踌躇满志，想要再次扩大战果时，希腊内战再起，阿格西劳斯征服波斯的梦想破灭。波斯这才赢得了对斯巴达的战争。

虽然阿格西劳斯没有战胜波斯，但他的梦想却在一代代希腊人心中燃烧着，从未泯灭。波斯没有打败希腊人，是希腊人自己打败了自己。只要希腊人团结起来，消弭内部纷争，征服波斯就不是空想。

然而至公元前4世纪，希腊内部危机四伏，矛盾重重，雅典和斯巴达已成为昨日黄花，无力再承担领导希腊的重任。希腊需要一个强有力的领袖，将一盘散沙一般的希腊重新凝聚起来，领导远征波斯的事业。

就在这时，腓力二世出现了。他建立了马其顿的霸业，实现了希腊的大联合，还组建了一支无敌于天下的军队。而腓力二世的猝死，又使东征的重任历史性地落在了年轻的马其顿国王亚历山大身上，希腊几代人的东征梦想终于有了变成现实的可能。

在波斯，自从公元前4世纪以来，国家积贫日久，地方总督的叛乱，王权的削弱，逐渐动摇了帝国的统治。阿塔薛西斯三世在位期间，国家面貌有所改观，各地总督叛乱也被平息。

可是，这位有为的君主却死于宫廷阴谋。经过两三年的王室内讧，大流士三世登上王位。这位君主生得高大英俊，仪表堂堂，但性格懦弱，优柔寡断，承平之世尚可应付，一旦碰上动乱之秋，则缺乏应变的头脑和坚定的意志，显然不是同时代的亚历山大的对手。

即便如此，波斯帝国仍有相当的优势。比如，波斯有远胜于希腊的人力、物力和财力资源，军队数量上占据绝对优势，而且波斯还有强大的海军。虽然大势已去，但波斯仍不失为当时世界上疆域最大、兵力最强、最令人望而生畏的庞大帝国。这也就是马其顿国王亚历山大马上要面对的一个大帝国。

（三）

在希腊神话中，希腊人曾两次远征亚洲，目标是小亚细亚西北角的特洛伊城。第一次远征是希腊英雄赫拉克勒斯领导完成的；第二次远征的希腊核心人物是色萨利英雄阿基里斯，他的丰功伟绩就保留在盲诗人荷马的史诗当中。

这两位神话一般的人物，前者是亚历山大的父系祖先，后者是其母系祖先。因此，亚历山大此次渡海东征具有神圣的象征意义。他是步伟大先祖的后尘去征讨亚洲人的，他的野心，他渴望建功立业的雄心，连他的两位先祖都望尘莫及。

亚历山大率领部队渡过赫勒斯滂海峡后，登上了亚洲大陆，登陆地点的北方，就是拉姆普萨克斯城。船到中流时，他命令全体官兵向诸神献祭。登陆之后，他又设坛献祭宙斯、雅典娜和赫丘力士，以感谢诸神的"保佑"。

亚洲当时聚居的和希腊有来往的民族大部分都在波斯的统治之下。在此前的战争中，这些城市有些被希腊占领，有些则被波斯统治。在战争中，拉姆普萨克斯因为叛乱而引起希腊的强烈不满，于是亚历山大决定毁灭这座城池。

拉姆普萨克斯城的居民意识到了这种即将到来的灾难，因此忙派遣一位使者来晋见亚历山大，请求他的宽恕。然而在使者到来之前，亚历山大已经明白了他的意图，于是向天发誓，他绝不会答应使者的任何要求。结果，这名使者在见到亚历山大后，对他说：

"我来这里，是为了请求您毁灭拉姆普萨克斯城的。"

亚历山大最终放过了这座城池，但究竟是因为欣赏使者的应变能力，还是被自己的誓言所束缚，我们不得而知。

亚历山大进入亚洲的消息也很快就传到了波斯，波斯为此开始积极进行迎战准备。但是，亚历山大来得如此突然和迅速，完全出乎波斯的预料。所以，当希腊军队到达格拉尼库斯河对岸时，几乎没有遇到任何抵抗。

尽管亚历山大已经安全到达亚洲的这一岸，但通往内陆的道路还没有完全打开。他们的军队正处于一个平原之上，这片平原与亚洲内陆之间被天然的屏障所隔开，南面是一系列高峻的山脉，名叫艾达山。从山脉的东北方流下来一条湍急的河流，流向北方，汇入大海。河流与山系一起，将亚历山大军队所在的平原围绕起来。亚历山大如果要进入亚洲内陆，就必须越过山系或渡过河流。

通过观测地形，亚历山大认为，让大部队骑兵和装备繁重的步兵穿越群山困难太大，相比较而言，涉水渡过格拉尼库斯河更容易一些。所以，军队在到达亚洲这岸之后，继续向北行进。

当亚历山大率领部队继续前进到格拉尼库斯河附近的时候，派出的侦察骑兵快马来报：波斯军队已经在正前方的格拉尼库斯河对岸集结重兵，企图凭借该河阻止马其顿军队向小亚细亚腹地前进。

据此，亚历山大立即决定：命令副统帅帕曼纽率领主力部队火速进至格拉尼库斯河一带，占领有利的地形，做好战斗准备；自己则率领部分骑兵直奔伊利亚城，去凭吊向往已久的历史上著名的特洛伊古战场。

特洛伊城萦绕着无数的神话传说，也遗留着往昔战争的残痕。900多年前，阿伽门农曾率领希腊大军由此攻入亚细亚，为希腊人赢得了骄傲和自豪。而亚历山大自称是史诗中神勇战将阿里基斯的后裔，此时，他是否会是第二个阿伽门农呢？他要瞻仰特洛伊城的雄姿，要在希腊人心中唤起曾经那些自豪的回忆。

特洛伊这座古老的历史名城接受了亚历山大谦恭的巡视。在这里，亚历山大将油涂抹在阿基里斯的墓碑上，然后按照习俗，在墓前裸身与其伙伴赛跑，以显承续伟业的慷慨情怀。

随后，他又向阿基里斯献上花环，并将酒水洒在英雄们的墓前。亚历山大站在墓前，向他的祖先和英烈们默许心事，祈祷他们能保佑他完成伟业。

公元前334年5月，在瞻仰完特洛伊城之后，亚历山大立即返回军中，挺进格拉尼库斯河一带，与提前赶来的帕曼纽所率主力部队会合，准备向格拉尼库斯河对岸严阵以待的波斯军队发起进攻。

第七章　挺进小亚细亚

能够战胜恐惧，就能战胜死亡。

——亚历山大大帝

（一）

当亚历山大正在特洛伊城凭吊古迹发思古之幽情时，波斯帝国的小亚细亚总督们正在召开紧急军事会议，商讨退敌之策。他们当中有一位希腊籍的指挥官，名叫门农。他主张坚壁清野，毁粮焚城，迫使亚历山大因补给困难而不战自退。

可惜，历史并没有成全这位独具慧眼的将军，他的建议遭到了好战的波斯将领们的拒绝和嘲笑。最终，波斯方面集结了一支4万人的军队，开赴小亚细亚西北的格拉尼库斯河，沿着地势很高的东岸布阵，准备与亚历山大冒险一战，企图阻止亚历山大渡河东进。

按照会议的决策，波斯军队在河对岸所占据的有利地势采取两线配置：将骑兵沿河配置在前沿第一线，将步兵配置在骑兵之后的第二线。可是，这种部署显然不利于发挥骑兵擅长快速冲击的优势。

与此同时，亚历山大在与帕曼纽会合后，也与帕曼纽根据敌情作出了战役部署。他任命帕曼纽及其子菲罗塔斯分别为左右两翼攻击部队的总指挥。左翼攻击部对包括方阵步兵、马其顿重装骑兵、联军骑兵及色雷斯部队等；右翼攻击部队则包括方阵步兵、马其顿轻装骑兵、弓箭手、标枪手和阿格瑞安部队等。左右两翼攻击部队均沿河成一线配置，总兵力约3.5万人。而亚历山大本人则准备率领禁卫骑兵随右翼攻击部队一起行动。

在一切部署完毕后，亚历山大向东逼近格拉尼库斯河。这时，前方的侦察兵前来报告，称波斯人已经在地势陡峭的河对岸摆开阵势。

此时天色已傍晚，帕曼纽出于慎重，建议亚历山大先沿河宿营，次日拂晓再渡河进攻。而亚历山大在观察对方的阵型时，一眼就看出了对方的破绽：骑兵长于进攻，却被置于前阵，处于被动防御的状态，无法发挥优势。

机不可失！亚历山大决定立即进攻，一鼓作气，击溃敌人。他说："我们跨过了赫勒斯滂海峡，却在格拉尼库斯这条小河前裹足不前，那将是我的耻辱！"

在亚历山大眼中，格拉尼库斯河在马其顿大军的铁蹄之下，可以轻跃而过。

帕曼纽指挥左翼，亚历山大指挥右翼，剑拔弩张，列阵于河岸。两军隔河默默相持，都不敢轻举妄动。突然，马其顿大军的号角吹响了，亚历山大的右翼骑兵率先发起猛攻，呐喊声响彻云霄，随后的希腊军也排山倒海一般扑向对岸。

对岸的波斯军凭借高高的地势，以密集如雨的箭矢和标枪进行阻击，马其顿先锋部队损失惨重，但亚历山大率领的骑兵中坚力量及时补上。

亚历山大身先士卒，一马当先，踏入河水，率部奋然迎敌。他头戴闪光的头盔，盔冠两侧的白羽毛迎风飘展，厚厚的亚麻布铠甲早已血迹斑斑。

虽然对面的波斯军居高临下，以弓箭和梭镖对渡河的马其顿部队进行多次阻击，但终未能阻止渡河部队的勇猛冲击，多处地段都被渡河的马其顿军突破。

与此同时，帕曼纽指挥的左翼攻击部队也在多处突破敌人防线，登上河岸，开始向纵深发展。

登上对岸后，亚历山大先用长矛和利剑刺死和砍死了两名波斯战将。乱军之中，他很快就成为波斯军围攻的主要目标，一支梭镖还射穿了他的胸铠结，而后，两位波斯将军策马向他疾冲而来。

亚历山大勒马迎战，拼杀之中，他的长矛折断，唯能拔剑抵抗。在战马交错的一瞬，对方的战斧忽然劈向亚历山大的头部，他俯身躲闪，头盔被砍落在地。就在这危急时刻，他的"伙友"克雷图斯骑马飞奔而来，将敌人杀退，亚历山大才获救。随后，亚历山大擦干胸部的鲜血，忍痛率部再次冲入敌群之中。

待马其顿方阵渡过河来，敌势已微，波斯军在马其顿骑兵的奋勇冲杀之下，开始溃败。只有门农指挥的希腊雇佣军未及撤离，陷入马其顿军队的重重包围之中。

当亚历山大得知这是一些希腊雇佣军时，不禁怒火中烧，马上下令：

"要将这些无耻的卖国贼彻底、干净地歼灭掉！"

不多时，这些希腊雇佣军中除2000人被俘虏外，其余大部战死，统帅门农率领少数残部逃走。

至此，战役接近尾声。待暮色下沉之时，格拉尼库斯河畔响起了马其顿士兵的欢呼。

（二）

战争结束后，马其顿军在清扫战场时发现，波斯军队在这次战役中伤亡无数，其中有十余名高级将领战死，包括大流士三世的儿子阿布帕里斯、女婿瑟瑞塔斯及妻弟弗纳西斯等。另外，赫勒斯滂海峡沿岸福瑞吉亚的总督阿西提斯从战场逃出后，因怕治罪而于途中自杀身亡。

而马其顿方面，军队中阵亡的官兵仅100余人，其中有25人是在第一次冲击时阵亡的。亚历山大下令，为这些阵亡的官兵于墓前立碑、雕像，并颁布法令，免除死者双亲子女的税收。他还看望了受伤的战士，勉励他们应该为自己的战功而自豪。对于敌军的尸体，他也下令认真掩埋。这一行为对鼓舞全军士气起到了不可或缺的作用，也令亚历山大更加赢得了全军将士的钦佩和爱戴。

随后，亚历山大又下令将这次战役中缴获的重要战利品派人送回国内，献给国家，同时还派人将300套最精致的盔甲送往雅典，献给雅典娜女神。他送给母亲的，只有一套珍稀的波斯酒具和一件紫红色的罩袍。

在远征波斯的过程中，这次格拉尼库斯河战役可谓首战告捷，意义重大。这次胜利，也充分证实了后为埃及王的托勒密对亚历山大所做的评价。托勒密说：

"他非常聪明，非常勇敢，对于荣誉和危险非常热心，对于宗教非常谨慎……他最善于选择正确的行动路线，不管情况是如何模糊，他的猜想常常总是正确的。他对于如何集中一支军队和如何装备它，都十分在行。尤其善于提高部队的士气，使他们发生新希望，凭着他自己的大无畏精神，铲除了他们脑海中一切害怕危险的观念——在所有的特性中，这一点是最为难能可贵的。对于一切在不确定环境中所应作的事情，他都是以最大的果敢精神行之，他最善于作迅速的预测和把握着敌情，不让任何人有时间来考虑到害怕失败的观念。"

亚历山大在格拉尼库斯河之战中所获得的巨大胜利，让大流士三世大为震惊。他没想到小小的马其顿竟敢冒犯他这个"万王之王"，而且还将波斯在小亚细亚的部队一举攻破，这实在是令人难以忍受的奇耻大辱！

但是，他又感到有心无力，因为波斯帝国已经失去了往日的辉煌。倘若把守卫波斯的本土的部队都派往小亚细亚，迎击马其顿军，那必将自身难保，更加危险。

思来想去，大流士三世想出了一个自以为很得意的妙计：派人给亚历山大送去一封严厉的警告信，警告他下一步不要继续轻举妄动。

大流士三世将信写好后，又命令侍卫长准备了几件礼品，然后将信和礼品一起交给一个机敏的联络侍从，让他作为使者前往小亚细亚，给亚历山大送信。

此时，亚历山大正乘胜南下，进展顺利。马其顿部队所到之处，有的城市预先开门投诚，有的市民出城迎接，表示早就想摆脱波斯统治，投靠亚历山大。

这一天，亚历山大正在处理公务，忽然一个侦察骑兵飞奔前来报告，称在前面山谷中抓到一个波斯信使，说要给国王送信和礼品。

亚历山大让侍从将波斯使者带入帐篷。信使见到亚历山大后，立即跪拜在地，将信件和礼品献上。

亚历山大打开信一看，果然是大流士三世用希腊文给他写的一封信，信中警告亚历山大不要玩火自焚，一意孤行，否则必将受到波斯帝国的严惩。

看完信后，亚历山大脸上露出一丝冷笑，随后提起笔来，给大流士三世写了一封措词强硬的回信，让使者回去交给大流士三世。

打发走波斯使者后，亚历山大又继续率部南下，向小亚细亚沿岸的一系列城市进军。在中亚细亚沿岸，有大量的希腊城邦，他们受到了波斯的专制统治。而现在，亚历山大以解放者的身份来到这里，并宣称此次行动是为了恢复民主政权。在他的号召下，以弗所等诸多城邦都走到他的阵营之中。

（三）

在率军南下途中，亚历山大首先指向位于小亚细亚沿岸中部的城市萨迪斯。

萨迪斯原是个希腊的小城邦，长期遭受波斯奴役。当亚历山大部队兵临城下时，守城的波斯指挥官米色瑞尼斯迫于压力，主动出城投降。随后，萨迪斯城内的居民敲锣打鼓，列队欢迎亚历山大的军队入城。

亚历山大进城后，立即改组城邦管理机构，整顿社会秩序，惩办叛逆，安定民心。鉴于米色瑞尼斯主动献城的有功行为，亚历山大让他在马其顿军中享有原有级别的待遇留用。

接着，亚历山大又率领部队向埃菲萨斯挺进。埃菲萨斯的波斯守军听说亚历山大率军前来，早已闻风丧胆，弃城而逃。亚历山大进城后，立即废除城中的寡头政治，建立民主政治，再次受到民众的热烈欢迎。

连续攻占了萨迪斯和埃菲萨斯两座城邦后，亚历山大又率部队攻入米莱塔斯城，捣毁了波斯海军在该城基地的全部设施，使波斯海军受到了致命的打击。

此后，亚历山大又率部继续南下，直指波斯军队在小亚细亚的战略要地——卡瑞亚地区。

卡瑞亚地区（今土耳其西南部）的首府是哈利卡纳斯。该城位于小亚细亚沿岸南端的一个细长的半岛上，地势险要，但易于围攻。据侦察兵前来报告称，当时该城早已集结了大量的波斯军队和希腊雇佣军，企图凭借其训练有素的步兵和水兵进行顽抗。为此，亚历山大决定先在城下设营扎寨，等进一步察明情况后，再采取相应的攻城行动。

在围攻期间，亚历山大原本以为守城敌人可以主动投降，可数日后，敌人不仅没有投降迹象，反而凭借其高大的城墙和宽深的护城河严密防守，气焰也日渐嚣张。

于是，亚历山大命令部队于夜间运来大量沙土，将该城的护城河填平，随后又将攻城车和攻城槌逼近城根，开始试攻。瞬时，多处城墙被攻城槌攻塌。此时，只要亚历山大下令攻城，马上就可以占据全城。

然而，亚历山大没有马上下令，而是想耐心等待守城敌人投降，减少人员伤亡。可到了第二天夜里，城中守将发现自己已如瓮中之鳖，即使插翅也难飞了，遂破釜沉舟，下令火烧军火库，随后率部弃城逃跑。由于当夜狂风骤起，火势凶猛，全城顿时陷入一片火海之中。当马其顿大军扑进哈利卡纳斯城中时，全城已被烧成一片灰烬。

攻入哈利卡纳斯后，亚历山大又率部继续向卡瑞亚境内的其他城市进军。

这一天，亚历山大正在护卫队的护卫下向卡瑞亚的一个名叫阿明达的小城前进。在走到距离阿明达城还有五六里远的地方时，有骑兵飞奔来报，说前面有一支卡瑞亚的队伍，正护送着一位女王前来向亚历山大献贡。

当亚历山大举目向前张望时，卡瑞亚的队伍已经越来越近了。

亚历山大急忙率队向前迎接。在与这位女王见面并互致问候后，女王激动地对亚历山大说：

"我们非常欢迎国王的光临，我是卡瑞亚女王阿达。我们十分痛恨波斯人的统治。现在，我率大臣们衷心地欢迎国王率部来我们阿明达做客，来我们卡瑞亚做客。"

原来，阿达是卡瑞亚地区土著王西德利亚的妹妹。后来按照当地习俗，她嫁给自己的哥哥为妻。西德利亚死后，阿达继位为卡瑞亚女王。

但时隔不久，亲波斯的欧戎托巴提斯便篡夺了卡瑞亚王位，只允许阿达掌管卡瑞亚地区的一个小城阿明达。为此，阿达对欧戎托巴提斯怀恨在心，一听说亚历山大来到，马上就来投靠。

在进入卡瑞亚地区后，阿达女王还表示希望能收亚历山大为义子。这虽然出乎亚历山大的预料，但他欣然同意了。因为通过这种继嗣的方式，他就可以宣布自己为卡瑞亚的君主。而且，他也需要阿达这样一个人物代理他统治占领后的卡瑞亚。

因此，在接受自己成为阿达女王的义子后，亚历山大马上任命阿达为卡瑞亚总督，统管全部的卡瑞亚地区。

第八章　巧解戈尔迪翁绳结

果敢无战不胜，刚毅无征不服。

——亚历山大大帝

（一）

在格拉尼库斯河战役中取得胜利后，亚历山大首先必须考虑一个有关全局的重大战略问题。当时，波斯海军主力腓尼基舰队共拥有舰船400余艘，多数都配置在小亚细亚沿岸一线的各海军基地，而马其顿海军却仅有战舰160艘，又缺乏牢固的依托基地。这对亚历山大此后的行动肯定会构成严重的威胁。

在这种情况下，如果亚历山大要以自己的160艘马其顿战舰去与波斯的400艘战舰对抗，因众寡悬殊，肯定难以制胜。如果置波斯的强大海军于不顾，贸然向小亚细亚、波斯腹地深入，那么波斯海军就完全有可能从海上迂回到马其顿军队的后方，切断马其顿军队的退路。

面对这种严峻的形势，亚历山大认为，要打败波斯的海军，不能硬战，必须智取。经过周密的思考，亚历山大制定了一个智破波斯海军的新战略：避免以弱对强，不以占明显优势的己方舰队去抵抗占绝对优势的敌方舰队，而应充分发挥自己的陆军优势，用强大的陆军去摧毁敌人的沿海海军基地。

正是在这一战略思想指导下，亚历山大在格拉尼库斯河获胜后，随即断然率兵南下，攻克了小亚细亚沿岸的一系列城镇。

当亚历山大率军由萨迪斯向米莱塔斯进攻时，马其顿舰队虽然先于波斯舰队三天进抵该城对面不远的罗德岛，但从舰队的总兵力来看，波斯舰队仍然占据绝对优势。

亚历山大自然也很清楚自己的弱点，因此尽量避开与敌人舰队直接交锋，而是命令陆军加紧将米莱塔斯包围起来，将攻城武器全部调近城墙，然后全面向米莱塔斯发起进攻。

在马其顿—希腊联军的猛烈攻势下，米莱塔斯很快就被攻破，波斯海军也因在该地的基地被彻底摧毁而被迫逃走。这样一来，亚历山大就在陆地和水上取得了两方面的胜利，可谓"一箭双雕"。

米莱塔斯胜利攻取之后，帕曼纽建议亚历山大顺势扩大希腊海军舰队，增强马其顿军的海上作战能力。可是，亚历山大不仅没有同意帕曼纽的意见，反而还要将海军舰队解散。

亚历山大见帕曼纽和其他军官对自己的做法都感到不理解，就对他们说道：

"我的决定可能出乎你们的意外，不过，我有我的理由。第一，解散舰队可以节省开支，将节省下来的经费用于扩大陆军建设，增强我们的陆地突击能力。因为我们不能在小亚细亚久留，最终的目标是向波斯内陆挺进。第二，我们若能攻占小亚细亚沿岸全部海港城市，就意味着我们剥夺了波斯舰队在小亚细亚沿岸的全部海军基地，也就完全消除了波斯舰队对我们所占小亚细亚可能构成的威胁。第三，现在解散这个舰队，并不意味着我们将永远没有舰队，而是根据需要与可能建立一支更为强大的舰队，因为我们的最终目标是世界的尽头！"

随后不久，马其顿的这支弱小的舰队便解散了，原来舰队中的人员都用于充实陆军相关的兵种。

到公元前334年初冬,马其顿—希腊联军完全控制了卡瑞亚地区,这也标志着亚历山大已经控制了小亚细亚的全部地区,摧毁了波斯舰队在小亚细亚沿岸的大部分海军基地,消除了波斯舰队可能对马其顿军构成的严重威胁,完成了第一步战略目标。

在冬季来临时,亚历山大和他的军队已经来到距离希腊大约500多千米的地方。在春天来临之前,他不准备再继续行军了,因此向将士们宣布:所有在当年内结婚的将军和士兵都可以回家与新娘团聚,在来年春天的时候回到军队。

毫无疑问,这是个十分鼓舞人心的策略,所以士兵的离去也不会减弱军队的力量。而他们在回到家乡后,还会在整个希腊传播有关亚历山大的勇气和力量、高贵和慷慨的故事。这无疑也是最有效的传播希腊军队功绩的方式。

(二)

虽然这年冬天亚历山大没有再向波斯军发起进攻,但他也不打算悠闲地度过。他从一个行省前往另一个行省,从一座城池跑到另一座城池,在行进过程中体验各种各样的探险。

亚历山大首先沿着南方海岸行进,一直到达一个名叫陶拉斯的山系。它突然现出的悬崖峭壁切断了海岸,只在中间部分留下一片浅滩。尽管这里的海浪很小,但海水在海风之下,也会掀起很大的海浪,猛烈地拍打着海岸。亚历山大到达这里时,海水正好涨得很高,但他还是决定带领军队穿过去。

在山系之间,本来是有一条路可以通过的,但亚历山大想要满足战士们的冒险精神,带他们经历一次神秘的冒险。因此,他们穿过悬崖下的窄道，穿过有时深及腰间的海水，不远处的海浪仍然不停咆哮。

最后，军队安全地通过了这片山系。接着，亚历山大带领军队转而向北。为了进入亚洲内陆，他们不得不再次通过另一座山系。当时正值寒冬，部队陷入风雪之中，在荒凉而恐怖的狭窄山道中艰难前行。除了应对冬天的寒冷和危险外，他们还要应对可能出现的敌人，以及那些居住在山里的部落。

经过无数艰辛，亚历山大最终胜利地到达了一个山谷。那里有一条名叫米安德河的河流，在肥沃美丽的山谷中静静流淌。

此时，帕曼纽正带着希腊的军队主力驻守在小亚细亚的西部。亚历山大曾告诉他，等来年春天来临之后，帕曼纽率领军队前往戈尔迪翁与自己汇合。那些回家乡探亲的士兵们，也要东行到戈尔迪翁。这样一来，戈尔迪翁就成了新战役的起始点。

亚历山大决定将戈尔迪翁当做下一场战役的起点还有另一个原因，就是他想解开著名的戈尔迪翁之谜。

据说，戈尔迪翁是一个山区的农民。有一次，他正在田间耕作时，一只鹰落在他的车辕上，一直到他完成耕作。戈尔迪翁认为这是一个预言，但究竟预示着什么，他也不知道。

于是，戈尔迪翁就去请教预言家。在去找预言家的路上，他遇上了一个正要去打水的少女，就将这件事说给少女听。少女建议他应该立即回家，向朱庇特献上牺牲。

最终他们一起回到家中，少女教他怎样进行奉献。这名少女后来还成了戈尔迪翁的妻子，他们一起在那里生活了很多年。

后来，他们生下一个名叫美达斯的儿子。戈尔迪翁夫妇平时喜欢乘坐公牛拉的车出行，由他们的儿子美达斯赶车。有一年，一家人进城的时候，遇到了一个公众的集会，是有关王位继承人的问题的。他们之中有一位预言家说：

"有一辆牛车将给我们带来一个国王,他也会结束所有的动乱。"

就这时,美达斯赶着牛车来了。众人认为,这就是预言家所指的人。于是,众人纷纷拥戴戈尔迪翁成为国王,而那头牛和车轭也被带回去保存,作为神圣的纪念保留在朱庇特神庙中。

戈尔迪翁还将车轭和牛车的一根柱子用皮带绑起来,做了一个所有人都解不开的结,这就是著名的戈尔迪翁之结。预言家随后说,能够解开这个结的人,就会成为整个亚洲的君主,但此后一直都没有人能将这个结解开。

亚历山大之所以来到戈尔迪翁,就是想去解开那个绳结。在来到朱庇特神庙内,亚历山大找到那个绳结,但仔细查看后,他发现这个绳结根本解不开,于是抽出宝剑,砍断了它,以这种特殊的方式解开了绳结。

这个故事究竟有多少真实性,没人知道,但故事却在欧洲一代一代地传下来,一直流传了2000多年。从此以后,所有用武力方式强行解开的难题,都被称为解开戈尔迪翁之结。

(三)

不久,希腊大军在戈尔迪翁集结,亚历山大下令继续进军。在刚开始的几周内,军队南下行进得很顺利,大军经过的所有王国也都承认了亚历山大的统治地位。最终,他到达了奇里乞亚平原。在这里,一件意外的事情发生了,并且差一点就终结了亚历山大的东征事业。

当时,亚历山大正率领部队全力奔赴塔苏斯。时值酷暑,天气十分炎热,他在焦虑疲倦之下,带着一身热汗纵身跳入清凉的塞恩达斯河内,准备在这里畅游一番。

塞恩达斯河是一条很小的河流,从陶拉斯山上流下来,环绕着陶拉斯城。河水冰冷刺骨，亚历山大在毫无准备的情况下跳入河内，立刻就被极度的寒冷包围起来。

当众人七手八脚地将他从河里捞上来时，亚历山大已经陷入昏迷。众人都认为他会死去。他们将亚历山大抬入帐篷里，整个军队都弥漫着担忧和恐慌的情绪。

随后，亚历山大开始发烧，连续几天都退不下，很可能是患上了急性肺炎，生命似乎危在旦夕。这时，他的医生们没有一个敢为他治病，生怕万一治不好，被诬陷为故意置国王于死地。

亚历山大有一个随军医生，名叫菲利普。他挺身而出，准备为亚历山大治病。但他告诉亚历山大，他下的药很重，有可能会产生强烈的副作用。在获得亚历山大的首肯后，菲利普开始着手调制药物。

在药物呈上来之前，亚历山大收到了来自帕曼纽的一封信。信中说，自己有充分的理由相信菲利普已经被波斯人收买，打算在亚历山大生病时，在他的药里下毒。帕曼纽说，对菲利普呈上来的药物一定要小心。

亚历山大将这封信放在枕头下，没有告诉任何人。当菲利普将药做好后，将药呈给亚历山大。亚历山大一手端着药，一手将那封信交给菲利普，让菲利普自己读。

菲利普读着读着，脸色由青变白，汗珠顺着脸颊流下。他嗓音颤抖，手指几乎捏不住信纸。终于，他再也无法读下去，抬起头惶恐地望着亚历山大。

亚历山大绝对不相信自己的密友会对自己怀有二心。他信任菲利普，因此将手中的药一饮而尽，然后用一双充满信任的眼睛看着满脸惊恐的菲利普。

有人认为，亚历山大在菲利普读信的时候，仔细观察了菲利普的表情，继续喝药则是因为他相信自己有能力通过观察一个人的表情来判断

69

他究竟有没有做错事。其他人则认为，亚历山大的这个行为表明他对身边人的忠诚度绝对信任，是为了证明他的任何极端情况下都不会怀疑朋友的忠诚。

没多久，亚历山大就康复了。病好后，亚历山大派帕曼纽领兵打通了奇里乞亚通往叙利亚的关口，自己则领兵开赴奇里乞亚西部山区，降服了当地的山民。至此，小亚细亚已经纳入亚历山大的掌控之中。

随后，亚历山大紧急率兵离开奇里乞亚，在公元前333年10月底抵达伊苏斯。

第九章　初败大流士三世

战场上最致命的敌人，往往有一张让人记不住的脸。

——亚历山大大帝

（一）

当亚历山大在奇里乞亚山区征战之时，波斯王大流士三世的大军已经到达叙利亚北部的索契安营扎寨，以逸待劳，准备与亚历山大正面交锋，消灭马其顿—希腊联军。

索契一带有开阔的平原，便于大部队的调动和骑兵作战，地形颇为有利。然而，大流士三世在这里等待多日，亚历山大始终没有露面，便感到有些不耐烦了。他的幕僚们也极力让他相信：亚历山大早已被波斯国王的御驾亲征吓得裹足不前了。因此，他们鼓动大流士三世主动迎击亚历山大，并说，只凭大王的骑兵，就完全可以消灭亚历山大的全军。

这时，马其顿方面有一位叛逃者阿明塔斯投靠了波斯军。他极力劝说大流士三世要沉住气，不要轻举妄动，可大流士三世已经被下属吹捧得飘飘然了，根本听不进任何逆耳之言，于是拔营起寨，向西穿越阿门努斯山隘口，来到伊苏斯平原。

亚历山大在奇里乞亚拖延了不少时间，在与当地山民作战时，他获悉大流士三世正在索契一带屯兵，决定进军迎战。他将伤病员都留在伊苏斯城中，随后率兵沿着狭窄的叙利亚海岸南下，经约纳珠关口进入米利安德鲁斯。

然而，亚历山大的此次判断出现了失误。当他率军疾进时，大流士三世已经离开索契，进入了伊苏斯，并抄断了亚历山大的后路。至此，亚历山大已经没有退路，只有决一死战。

大流士三世本来以为亚历山大在奇里乞亚，没想到自己无意中阻断了亚历山大的归路。在伊苏斯，他残忍地屠杀了留在那里的马其顿伤病员，然后又南行来到比那鲁斯河，在山与海之间的狭窄海岸列阵，堵住亚历山大的归路。在这里，大流士三世与亚历山大进行了著名的战役——伊苏斯之战。

亚历山大在获悉大流士三世将他留在伊苏斯的伤病员全部杀掉后，非常震惊，他没想到波斯军队会这么快就出现。他马上派人前去观察波斯的阵营。只见波斯军对扎营的地方营火遍野，看来人数的确不少。

面对这样的危机，亚历山大认为，只有速战速决，才能突破现状，将局势转向自己有利的一方。多一分踌躇，就会多一分危险，因此，他很快就下决心要迎战波斯军队。

在波斯方面，大流士三世将他的大部分骑兵都部署在靠海的右翼，将另一部分骑兵布置在左翼靠山的地方。后又因地形狭窄，骑兵施展不开，又将其左翼骑兵的大部分调到右翼，而大流士三世本人则坐镇大军中央。

波斯方面此次出兵有几十万。如此庞大的军队拥挤在一个狭小的空间中，显然无法发挥战略优势，骑兵也更无用武之地。这是波斯方面所犯下的一个致命错误。

针对敌人兵力部署及地形条件，亚历山大决定亲率主力作为右翼，其中约有骑兵5000人，步兵不足3万人；方阵兵位居中央；帕曼纽指挥的由希腊盟军和骑兵组成的左翼部队负责坚守海岸，以保障主力部队的顺利进攻。

亚历山大在观察中发现，己方左翼兵力薄弱，且地形不利，于是立即派出部分骑兵和弓箭手，从己方方阵背后绕至左翼，以加强左翼抗击敌主力右翼的兵力。

在一切调整妥当后，亚历山大下令部队前进。这时，大流士三世所部仍在陡峭的河岸后保持防御状态未动。所以，亚历山大的部队刚开始时速度很慢，以保持整齐的队形。当进入敌军射程之内后，亚历山大立即率领随身部队向敌军扑去，力图尽快进入混战状态。他自己更是身先士卒，以迅雷不及掩耳之势，率部一举突破波斯军左翼。在将波斯军击溃后，亚历山大又率部快速转向波斯军中央部分。

当看到大流士三世趾高气扬地站立在战车上时，亚历山大怒不可遏，随即率部向他冲去。这时，大流士三世的兄弟奥克萨拉斯横刀立马在大流士三世的战车前，奋力死战，把不少向大流士三世冲杀的马其顿士兵杀得靠近不得。

一时间，倒在大流士三世战车周围的双方官兵不计其数，令人目不忍睹。亚历山大本人也在激烈的厮杀中右股中剑受伤，但他仍然坚持战斗，一直未下来休息。

这时，大流士三世战车的挽马被马其顿士兵的长矛刺伤了，一下子痛得飞奔起来，险些将大流士三世摔下马车。大流士三世一看情形不妙，惊恐万状，深怕被马其顿军杀掉，便调转战车，落荒而逃。

战场上正在拼命死战的波斯士兵一见国王逃跑了，一个个顿时惊慌失措，士气锐减，步兵、骑兵争相逃命，随之全线溃败，官兵死伤无数。

在逃跑的途中，当道路平坦时，大流士三世就驱车奔逃。后来遇到峡谷和小路，战车无法通行，他只好丢掉战车、盾牌、斗篷和弓箭，换成一匹快马，只身逃之夭夭。幸而夜幕很快降临，亚历山大忙于指挥全面作战，实施追击较迟，天黑便下令收兵，大流士三世才免于被俘。

（二）

这场战争发生在公元前333年11月，马其顿方面在亚历山大的率领下大获全胜，仅损失500人；而波斯方面，按照夸张的统计，损失约有10万人。而且，大流士三世的母亲、妻子和两个女儿，也都当了马其顿的俘虏。

大流士三世是个穷奢极欲的家伙，即使在战场上也可以看出一斑。他的战车规模宏大，雕刻精细，装饰华美，上面装饰着各式各样的雕像。出征时，国王坐在很高的宝座上，可以看到整个军队。他穿着紫色的衬袍，上面装饰着银色的纹路，外面罩着一件装饰着金子和宝石的长袍。金色的腰带上挂着佩剑，剑鞘上的宝石闪闪发光。他头上戴着镶嵌着宝石的王冠，精美而华贵。即使是身边的卫兵，携带的也都是银质镶金的长矛。

在前往迎战亚历山大的时候，大流士三世不仅有这些装饰华美的战车和战服，居然还随军携带着他的家属及大量财富。在行军途中，他将大部分钱财和其他随驾物品都送到了大马士革，并留下大量的军队来保护它们。但为了满足自己的私欲，他还是随身携带了大量的各式物品。后来这些送往大马士革的财物，被派往大马士革执行占领任务的马其顿军副统帅帕曼纽获得。

对于过惯了朴素生活的马其顿军队来说，在清扫战场，缴获战利品时，从大流士三世的大帐中发现的物品简直令他们目瞪口呆。在大流士三世的大帐内，不知有多少镶嵌着宝石的日用品被遗留在战场之上，甚至连极为豪华的浴缸都被带到战场上来了。就连亚历山大看到这些，都感慨地说：

"这才像是个帝王的生活！"

当得知大流士三世的母亲、妻子和女儿也被俘虏之后，亚历山大让他从前的一位老师，一个名叫利奥纳图斯的德高望重的老人去安抚她们。除了对被俘命运的恐惧，她们还以为大流士三世已经死了。因为她们听说亚历山大将大流士三世的战车、战炮、盾牌和弓箭都缴获回来，但却没有把他抓回来，认为马其顿士兵肯定将大流士三世杀掉了，所以痛哭不已。

亚历山大让利奥纳图斯告诉她们，大流士三世还活着，他的战车、盾牌等物品，都是他在逃跑时被缴获的，现在不知道他逃到什么地方去了。

除此之外，亚历山大还让利奥纳图斯向她们转达他的旨意说：

"亚历山大国王允许你们继续保留波斯皇家的地位、头衔和待遇，你们原来是太后的还是太后，原来是皇后的还是皇后，是公主的还是公主，一切荣华富贵照旧不变。因为他是同大流士三世在作战，是为了争夺亚洲主权而战，而不是为个人恩怨而战。"

数年之后，亚历山大为让自己的统治合法化，同大流士三世的一个女儿结婚。大流士三世的妻子是一位极其出众的美人，但亚历山大从未动过非分之想。与大流士三世的女儿结婚，也是他第二次娶妻。在此之前，他曾同一位伊朗贵族之女罗克塞妮结婚。这两桩婚姻都是出于政治目的。另据古文献记载，亚历山大从未有过情妇，他也许是根本无暇接近女色。

（三）

从战场上逃走的大流士三世，已成了惊弓之鸟，深恐亚历山大前来追赶，率领残兵败将约4000人，星夜向幼发拉底河流域逃命，企图在那里形成与亚历山大隔河对峙的局面。

不过，亚历山大在伊苏斯战役结束之后，并没有乘胜向东追击，而是立即派帕曼纽直取大流士三世金库所在地大马士革，同时自己断然率军继续南下，直指拥有海上实力的腓尼基。

腓尼基位于地中海东岸，北邻小亚细亚，南接巴勒斯坦，东界黎巴嫩，面积约大于今黎巴嫩。其最早的城邦是比布拉斯，但后来最著名的城邦是西顿和提尔。到公元前1000年时，提尔一跃成为腓尼基最强大的城邦。

当亚历山大向腓尼基进军，到达叙利亚境内的拉萨斯城时，大流士三世派使者给他带了一封亲笔信。在信中，他抗议亚历山大侵略波斯领土的行为，劝他退回去，满足于自己拥有的国土。而且，他还要求用赎金赎回自己的母亲、妻子和女儿，不论亚历山大要价多少。如果亚历山大愿意退回希腊的话，波斯将从此视希腊为联盟和朋友。

亚历山大看到信后，随即给大流士三世回了一封信，语言简洁而有力。他说，波斯曾经是大流士国王的统率下穿过达达尼尔海峡侵略希腊，毁灭了无数城市和城镇，造成了难以估量的损失。大流士国王也曾悬赏杀死亚历山大。

"我来到这里，"他说，"是为了自卫。神祇站在正确的一方，他们会给予我胜利。我现在是亚洲大片领土的君主，也是你的君主。如果你承认这一点，我就归还你的母亲、妻子和孩子，而不要什么赎金。请你仔细考虑这些建议。另外，除非你承认我是你的国王，否则我不会接受任何谈判。"

在信的结尾，亚历山大更是用充满挑衅的语言说：

"假如你要争夺你的王位，那么就挺身而战，不要逃走。不论你躲在哪里，天涯海角我都会找到你。"

亚历山大派人将这封信送出后，仍按原定作战计划继续挥师南下，企图通过陆战打掉腓尼基海军，通过进军埃及，切断敌人的主要经济来源，从而为彻底灭亡波斯帝国创造更有利的条件。

大流士三世见写信求和无效，也别无选择了，只好重新组织一支新军，这就给了亚历山大休息的机会，同时也让他开始计划自己的未来。

一直以来，最让亚历山大头痛的就是钱的问题。他曾经说过，他父亲身后遗留下几个金杯及不到60塔兰特的财产，还有500塔兰特的债务，此外他又借贷了800塔兰特以上的资金，准备作为这次东征之用。而沿途所得的战利品，也仅够军队开销，但军队的薪饷及生活必需品的采购等，却是经常性的支出。

在所有的胜利中，亚历山大似乎总会拖欠几个塔兰特，这说明资金显然不够充足。如今作战有了喘息的机会，他决定改善这种不利状况。

于是，他派遣帕曼纽攻打大马士革，而帕曼纽也毫不费力地占领了大马士革及其国库。在这里，帕曼纽找到了大流士三世存放在这里的大量财物。有了这些钱财，亚历山大在开销上便没有了后顾之忧。他也不再需要马其顿或希腊的支援，这也可能是促使他日后更加深入进军东方的主要原因之一。

第十章　征服提尔城

我来这里不是毁灭各国的。至于那些被我用武力征服的国家，是罪有应得，没什么好抱怨的。

——亚历山大大帝

（一）

对于亚历山大来说，他渴望俘获或杀掉大流士三世，并取而代之。但在行动之前，他要耐心地先让自己立于不败之地。他知道，波斯也在准备进攻希腊，希望借此切断亚历山大的补给及联络线。如果亚历山大能够占领这些庇护波斯舰队及人员的腓尼基城镇，他就能够控制整个东地中海岸。

公元前332年春天，亚历山大从马拉萨斯出发，一路南下，先后接受腓尼基的比布拉斯和西顿的归降。西顿人对波斯的统治极为不满，因此当听说亚历山大逼近时，主动出城欢迎。亚历山大在西顿稍作停留后，便向提尔挺进。

提尔是位于爱琴海东南部的一个小岛，与大陆隔有一条不太宽阔的海峡，是腓尼基的一个重要港口城市，工商业都十分发达，也是波斯帝国的一个重要海军基地。

这里的城墙都是用石头砌成的，非常坚固。外海还有强大的舰队设防，居民更是有英勇抵抗外敌入侵的光荣传统。据传说，巴比伦国王尼布甲尼撒二世当年围攻该城时，该城竟然一直坚守了13年之久。

所以，要攻下这样一座既有光荣传统，又有雄厚实力和有利地形的城市，绝对不是一件容易的事。

像平常一样，亚历山大先派遣使者前往提尔表示和平，希望提尔能够主动加入他的阵容之中。然而提尔所给的答复是直接将这些使者杀掉，并将他们的尸体从高耸的石墙上丢入海里。

这让亚历山大十分愤怒，下定决心要与提尔打一次硬仗，一定要攻下这座城市。

但是，当亚历山大在率部向提尔挺进的半路时，却意外遇上了提尔派来的使者，其中有提尔城的贵族和国王的公子。他们一见到亚历山大就说，他们的国王正随舰队出航，因而不能亲自来见亚历山大，他们是受提尔当局委托来欢迎亚历山大的，并向亚历山大表明，提尔愿意接受亚历山大的统治。

亚历山大一听，顿时喜形于色，对提尔当局和提尔使者表示赞赏，并请提尔代表回报，他打算届时就到提尔城，向城中的赫丘力士神庙献祭。

然而，当提尔代表回去汇报了这一情况后，提尔当局认为，大流士三世和亚历山大两者谁胜谁负还难确定，最明智的办法就是既不允许波斯人进入提尔城，也不允许马其顿人进入提尔城。因此，他们再次派出代表回复亚历山大，除了不允许进城外，他们愿意接受亚历山大的一切条件。

亚历山大一听，勃然大怒。他立即召集各重要将领，将提尔人的态度告诉他们，并表示经过全方位的考虑，他决定延后对波斯中心的远征，直到他彻底征服提尔，成为地中海的海上霸主。

79

他还表示，在集中力量对付大流士三世正在集结的波斯军队之前，还应该首先占领埃及。将领们都同意亚历山大的观点。于是，亚历山大开始率军向提尔快速进发，准备战斗。

（二）

为了攻占提尔，亚历山大首先决定要穿过海峡，修筑一道宽20米、长2400米的海堤通向提尔，这样军队就可以从堤道上到达提尔的城墙，在那里取得突破。

这是一个非常冒险的计划。这一带的海峡不深，靠近陆地的地方多为浅滩和泥地。靠近提尔城的一段水较深，最深处达5米多深。有利的条件是那里堆砌着不少木料和石头可供筑堤使用，但工程要面临大量的阻碍，最主要的就是来自提尔城中和战船上的攻击。而堤道修建得越靠近城池，士兵们所面临的危险就越大。

不过，为了攻下提尔城，尽管困难重重，亚历山大还是决心拿下提尔。士兵们在亚历山大的鼓舞下，也是群情激奋，干劲十足。亚历山大亲临现场指挥，对参加作业的官兵鼓励有加，对成绩突出者还发重金奖励。

在修筑近陆一段的海堤时，因海水较浅，又无敌人袭击，工程进展得很顺利。但修到近城一段的海堤时，水越来越深，困难也越来越大。当工程接近敌人排箭射程时，敌人从高耸的城墙上以万箭齐射，对施工官兵造成了严重威胁。尤其是敌人握有制海权，不时以战船向堤道冲击，一会儿冲到左边，一会儿冲到右边，有时甚至使筑堤工程无法继续进行。

但这些都不能阻止工程的继续建造。亚历山大下令，在已延伸到海里很远的堤道上筑起两座塔楼，塔楼的外面包上一层皮革，这样既可以防止敌人从城墙上扔下火焰标枪袭击，又可以使筑堤的士兵有防御的屏障。

然而当海堤接近竣工时，一场暴风雨和滔天白浪将费劲九牛二虎之力建成的工程冲垮了。亚历山大大怒，下令士兵们再重修一座比原来更宽的大堤。士兵们拖着整棵树到海中，连枝带叶放到海地的泥沙之上，防止石头沉下去。他们还建立了新的瞭望塔和投石机，用绿色植物覆盖着来防火。在战士们的努力下，堤道迅速向城池接近，而且比上一次更加坚固，更具有威胁性。

亚历山大发现，堤道在建造过程中，受到提尔战船的很大阻碍，于是决定建立自己的舰队。他从西顺挑来了归顺的80艘腓尼基战船和120艘塞浦路斯战船，对提尔的几个出海口进行了严密的封锁。这时，直接攻城的道路已经扫清，靠近城墙处搭上了许多浮桥，马其顿军做好了攻城的准备。

提尔人发现马其顿军距离城池越来越近，也变得越来越恐惧。他们最终决定将女人和孩子送到北非一个名叫迦太基的城市，留下的人都决心要战斗到最后一刻。

亚历山大见己方已经做好了攻城的准备，遂率部向提尔城发起全面冲击。可是，当马其顿军接近城墙时，提尔人倾城参战，顽强抵抗。他们当中，有的人从城上往下撒网，将网着的人投入水中；有的人从城墙上投下大石头，将攻城的马其顿士兵活活砸死。

这让马其顿军遭受不少伤亡。尤其令人发指的是，提尔人将抓到的马其顿俘虏绑在城头，当众砍死，然后丢入海里。这种行为令马其顿人更加怒火中烧。

（三）

亚历山大所建造的堤道在这时发挥了重要作用，马其顿军开始使用破城槌攻击城墙，在城池的南面造成了可以通过的缺口。亚历山大见状，立即决定从城墙的南部缺口攻入城内。他准备了大量船只，在接近城墙的时候可以从战船上放下一座很短的小桥，士兵们从小桥进入城墙的缺口。

他的计划成功了。马其顿战船在缺口处停泊，士兵们放下小桥，从桥上涌入城内。在这里，他们遇到了提尔人孤注一掷的抵抗，数百名马其顿人被石头砸死或被弓箭射死，尸体纷纷掉入海中，但幸存的士兵继续穿过城墙的缺口，纷纷涌入城内。

经过数日苦战，亚历山大最终率领军队破城而入，一举攻下提尔城，将城中的提尔主力部队全部歼灭。这时是公元前332年7月。

在这次提尔之战中，提尔方面有8000多人战死，马其顿方面共损失400人，其中包括强攻中战死的20人。

在攻入提尔城内，亚历山大发现城中还有大量的居民活着。这时，亚历山大抛弃了他到当时为止一直表现出来的慷慨和克制，展现出残暴的一面，下令将这些居民全部处死，抛入海中。

据说，当时有2000多提尔人被钉死在岸边，也许这是说他们被处死之后，尸体被钉在十字架上，而不是被活活地钉死在上面。但无论如何，从这次开始，亚历山大开始表现出被权力所影响的性格的一面。他开始变得傲慢、易怒而残忍，而不是年轻时所拥有的谦虚和温和。在完成伟大历史功绩的同时，亚历山大也开始更多地表现出战争英雄的一面。

当亚历山大在围攻提尔期间，大流士三世又派人给亚历山大送来一封请求和平的信函。在信中，大流士三世提出，他会给亚历山大大量的赎金来赎回母亲、妻子和女儿，并同意承认亚历山大已经占有的领土，包括幼发拉底河的整个领域。大流士三世还打算将自己的女儿斯塔蒂拉嫁给亚历山大。

大流士三世还劝亚历山大满足于已经占有的领土，并警告他说，如果他仍然固执地渡河东征，他所面临的只有失败。

　　当亚历山大将这封信在军事将领会议上宣读之后，副统帅帕曼纽劝亚历山大接受大流士三世的提议。

　　"我会接受这样的提议"，帕曼纽说，"如果我是亚历山大的话。"

　　亚历山大看了一眼帕曼纽，轻蔑地说：

　　"是的，我也会接受，如果我是帕曼纽的话。"

　　这个答复很不客气。尤其是亚历山大以一个年轻人的身份，面对一位年高德昭的老将军，一位忠实的朋友，一个尽心尽力辅佐他的父亲和他很多年的人。

　　随后，亚历山大给大流士三世回信。他在信中说，如果他想娶大流士三世的女儿，根本不需要经过大流士三世的同意。至于赎金方面，现在他一点都不缺钱。而关于幼发拉底河的领土问题，一个人给予他人并不属于自己的东西是很可笑的行为。他在军事征程中已经渡过了很多海洋，再渡过一条河流根本就不在话下。大流士三世逃到哪里，他就会追到哪里，直到彻底征服波斯。

　　大流士三世看到亚历山大如此强硬的回复，知道和谈已经无望，只好破釜沉舟，开始准备再战。

第十一章　亚历山大在埃及

只有不怕艰苦，敢于冒险的人，才能完成光辉的业绩。

——亚历山大大帝

（一）

在征服了提尔之后，亚历山大于公元前332年冬天继续率部南下。这时，他的目标是耶路撒冷。

耶路撒冷是世界著名的古城，位于巴勒斯坦地区的中央部分。1967年中东战争之后，耶路撒冷全部为以色列占有。

古代时，耶路撒冷为犹太国的首都。同时，该城又是从地中海通往波斯湾间的要冲，在历史上具有重要的战略地位。

当亚历山大围攻提尔期间，耶路撒冷的犹太人曾向提尔提供大量的粮食，资助提尔抗击亚历山大。为此，亚历山大对耶路撒冷怀恨在心，意欲前往报复。

当马其顿大部队逼近耶路撒冷时，全城人都惊慌不已，深感大难临头。他们都听闻了亚历山大在提尔的暴行，深怕耶路撒冷也遭受到提尔人那样的厄运。

当大家都不知该如何应付亚历山大时，有人提议，应到城中找最高祭祀耶和华，请他出来拯救大家。

耶和华就是后来犹太教所奉的唯一真神。当犹太人代表来向他求救时，耶和华也感到很为难。因为他知道，亚历山大如果是来报复的，不仅众人难逃厄运，他自己也是自身难保。但转念一想，城中居民都对他抱有很大的期望，如果他说自己也无能为力，那么他的威望就会扫地，居民们也会对他感到失望。

想来想去，耶和华终于想出了一个体面地归顺亚历山大的方法。第二天天一亮，耶和华就郑重地向全城宣布，他昨晚做了一个梦，在梦中，神灵已经告诉他如何拯救耶路撒冷，所以请大家放心，在亚历山大到来时，大家要尽力做出欢迎的姿态。

所以，当亚历山大兵临城下时，耶和华率领所有祭司，身穿紫红色的金边长袍，列队整齐地走出城门，迎接亚历山大的到来。

亚历山大原本以为耶路撒冷会抵抗的，没想到出现在他面前的是闻名的耶和华率领的一队身着华丽服装的神庙祭司。这让他感到有些意外，原本想狠狠教训耶路撒冷犹太人的报复之心也骤然锐减了许多。

见亚历山大的卫队已经渐渐来到城门口，耶和华忙带着祭司们上前迎接亚历山大，接着在距离亚历山大不远处停下脚步，双手缓缓举起，仰天高唱道：

"啊，天上的主，我以耶路撒冷全城臣民的名义，求您保佑年轻的马其顿国王，让他万事顺心，马到成功！阿门！"

亚历山大看到此情此景，听到为他所唱出的这番祝词，不禁喜形于色。他急忙下马，快步走到耶和华面前，恭恭敬敬地跪下，然后将自己的名字工整地写在耶和华的紫色长袍上。

随后，亚历山大在耶和华的陪同下，得意洋洋地走进耶路撒冷城，一路上受到不少耶路撒冷人的夹道欢迎。进城后，亚历山大还命人拿来珍贵的祭品，到耶和华所主持的神庙，作了隆重而虔诚的祭祀。

亚历山大的这一行动赢得了耶路撒冷全城臣民的热烈欢迎和深深敬意，从而使耶路撒冷全城臣民都心悦诚服地归顺了亚历山大。

在耶路撒冷住了几天后,亚历山大又继续率兵南下,直逼加沙。

(二)

加沙位于地中海岸边,是一座富有的商业城市。当时,加沙正在大流士三世任命的一个名叫巴迪斯的官员的控制之下。他拥有一支强大的阿拉伯雇用军和雄厚的物资储备,因此企图凭借城市险峻的外围死守,坚持阻止亚历山大进城。

但是,亚历山大早已下定决心,必须尽快攻下加沙,为远征埃及扫平道路。一天早晨,亚历山大正率领参谋人员勘察地形。当他们接近城根时,忽然有个人从城墙上跳下来,跑到亚历山大面前双膝跪下,连呼:

"大王,救命啊!"

亚历山大以为这可能是从敌方逃出来的囚犯,正要问个究竟。忽然,那人一跃而起,拔出匕首就向亚历山大刺去。幸好亚历山大眼明手快,一剑将他当场刺死。原来,这个人是巴迪斯派出的一个刺客。

巴迪斯的这一行刺阴谋未能成功,却更加激怒了亚历山大,坚定了他攻城的决心。因此在部队到达城下后,亚历山大立即开始部署兵力,准备攻城。

为了避免城墙太高,单用擂石器强攻难以成功的弊端,亚历山大又下令在南城外边绕城修筑一道土岗。土岗修好后,亚历山大又令人连夜将擂石器、攻城塔和攻城器材配置就绪。

次日拂晓,当城中的居民还在睡梦之中时,亚历山大下令攻城。随即,马其顿军开始从几个城段向加沙城发起冲击,且主要冲击地段是城南,攻势十分勇猛。

不过,加沙城的守军抵抗也异常顽强。当马其顿部队接近时,城中纷纷向下齐射带火箭头和投掷巨石。一时间,箭石纷飞,喊杀声震天,无数攻城的士兵倒于城下,进攻严重受阻。

亚历山大见状,亲自率领近卫部队前去支援受压严重的地段。在亚历山大的鼓舞和支援下,马其顿部队开始发起一轮又一轮的猛烈进攻。在激战中,有一支箭从城墙上射来,穿透了亚历山大的盔甲,深深地扎进他的肩膀。这令亚历山大更加愤怒,攻城也更加猛烈。

战斗持续了几天,城池还未能攻下,而且多处进攻部队都被敌人击退。在这关键时刻,亚历山大将海上那些用于进攻提尔的擂石器运来,同时又围绕全城修建了一道更宽更长的土岗。将擂石器运上土岗安装好后,他又下令对城墙进行轰击,结果这次将城墙轰得弹痕累累。同时,亚历山大还命人在有些地段的城墙下挖洞,使地基下陷,城墙倒塌。

经过十几天的猛烈攻击,马其顿军最终在加沙城墙上撕开了一个缺口,城市立即就被狂怒的马其顿军所占领。战斗结束后,亚历山大下令将城里的士兵全部杀掉,将城中的居民变卖为奴隶。对于巴迪斯,亚历山大更是愤怒而残忍地在他的脚后跟刺穿一个洞,穿过绳索,将绳索绑在马车上,驾车将他活活拖死。

不过,亚历山大却下令保护加沙城中的一切重要建筑设施,并从附近迁移来一些顺从的部族来此定居。他将加沙变成了马其顿大军的一个重要军事基地。

在征服了加沙之后,亚历山大继续率兵南下,向埃及进军。经过七个昼夜的急行军,亚历山大于公元前332年11月到达埃及及其境内的皮鲁苏姆。当时,埃及正处于波斯的统治之下,但埃及人对波斯的统治早已感到不满,准备投降亚历山大,并派遣使者来边境觐见亚历山大,随后将亚历山大迎入埃及这块神秘的非洲土地。

（三）

在埃及，亚历山大实行了恩威并施的政策，受到了当地居民的欢迎。亚历山大的到来，对埃及人来说是一位解放者，而不是征服者。

埃及人视他们的统治者为神，或至少是神的儿子，或神的转世。因此，当亚历山大在公元前332年11月接受法老王的王冠时，他也接受了伴随此新角色的神明身份。身为神的化身，亚历山大在埃及也有着至高无上的权力。作为马其顿国王，他经常要向他的将军提出自己的想法；而在埃及，他就不需要如此，因为他的每一句话都会被当做神的旨意。

不久，亚历山大便开始将埃及组建成为一个省。他还指派两名埃及人担任文人省长（另有两名马其顿军人省长，负责管理驻扎在当地的军队），同时将税收的工作交给埃及人去负责。经过十余年的波斯严苛统治，这个新省的人民很高兴地接受了亚历山大这种较为宽厚的治理。

另外，亚历山大还派遣一组学者到苏丹，研究尼罗河每年泛滥的原因。这次探索发现，由于南部山区的大雨，导致每年夏天尼罗河都泛滥成灾，从而解开了盘旋在希腊科学家脑中多年的问题。

在埃及停留的半年时间里，亚历山大的科学家们为他和世界完成了一项更重要的任务——为亚历山大选择了新城市的位置。

从马其顿开始的长途行军，亚历山大至今还没有建立一个城市，但现在是建立一个行政都会的时候了。更重要的，是需要建立一个商业中心——东方与西方间贸易的中心点。要想建立一个世界性的大帝国，光靠征服是远远不够的。对亚历山大来说，国家的经济未来和军事能力的考量同等重要。一个停泊战舰的好港口固然重要，但一个好的货运港口也同样不可缺少。最理想的地方，就是在地中海靠近某一个尼罗河河口的地方。

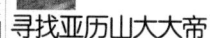

经过勘察，亚历山大选择了马利欧提斯湖及地中海间一个狭窄山脊上的一处地方，正好横过法老王的圣岛。这个小岛可以建成一个深水港，而湖泊则是一个不错的内陆港。它们都易于防守，且这里气候宜人，常年温和。

亚历山大将这座新城市命名为亚历山大港，这是大约70个有他名字的城市中的一个，但也是唯一保留至今且继续成长的城市。在这座城市建造2000多年后的今天，它已经发展成为埃及的第二大城市及主要港口。

亚历山大港建成后，几乎马上就取代了已遭破坏的提尔，成为地中海地区的主要商业和贸易中心。而且，它也成为第一个真正的国际城市，波斯人、希腊人、马其顿人及犹太人、印度人、非洲人等，全被这个繁华的港口所提供的机会吸引过来。当他们在亚历山大港一起工作时，希腊文化与东方文化的融合也开始发展传播，东方及西方的文化也都随之发生相应的改变。

"毫无疑问，"亚历山大?鲁滨逊在他的《亚历山大大帝》一书中写道："这是亚历山大一生中最重要的具体成绩。"

（四）

在整顿埃及期间，亚历山大得知埃及人非常崇拜太阳神阿蒙。太阳神阿蒙的庙宇坐落于远在千里之外的利比亚锡瓦绿洲。在那里，希腊的一些主神和埃及的一些主神合二为一了。神庙里的祭司其实也是埃及的统治者。

为取得埃及贵族和祭司们的欢心，从而让自己对埃及的统治更加合法，亚历山大决定将大部队留下兴建亚历山大港，自己则率领近卫队及少量野战部队前往利比亚锡瓦去祭祀太阳神阿蒙神庙。

从亚历山大港出发后，亚历山大率队先沿着地中海南岸向西行进，到达波拉托尼亚城时，该城立即派代表出来欢迎，并表示愿意臣服。

这让亚历山大很高兴，因为这意味着他已经控制了利比西沙漠地带，埃及的西部有了可靠的屏障，此后与大流士三世决战时也就没了后顾之忧。

于是，亚历山大放心地离开海岸，继续向南行进，进入茫茫沙漠之中，直奔目的地锡瓦。

这片沙漠极富神秘色彩，令人望而却步。据说，波斯国王冈比斯和他的部队曾在这里丧生。现在，亚历山大要通过这片广袤无垠的沙漠，当然也不可能不到一些令人难以承受的挑战。

在沙漠之中，亚历山大和他的随行军连续跋涉了半个多月。他们经常白天头顶烈日，忍着干渴，迎着旋风坚持行进。而到了晚上，他们还要忍受刺骨寒风的袭击。此外，眼前有时还会出现海市蜃楼。但古时对这种现象还不了解，往往将这种现象看成是鬼怪和妖异，故而也感到恐惧不已。

然而，这一切严峻的挑战都没有动摇亚历山大的决心。历经千辛万苦，越过艰难险恶，公元前331年初，亚历山大终于率领他的部队到达了神圣的阿蒙神庙所在地锡瓦片绿洲。

从荒凉孤寂的沙漠中走到了美丽的绿洲，亚历山大和士兵们都很开心。阿蒙神庙的教士们又用崇高的礼节迎接了他们的到来。

一到这块绿洲后，亚历山大就被这里迷人的景色吸引住了。他完全忘记了旅途跋涉的辛苦，一到绿洲住下，即率领随行人员带着珍贵的祭品去参拜阿蒙神庙。在向神庙祭祀后，亚历山大又向祭司们赠送了许多礼物，还答应愿意给祭司们许多特遣，派遣部队为他们征税，并保护他们的商队安全。

这些祭司们对此感到受宠若惊，竟将亚历山大看成了神的化身，当即称他为"阿蒙神的儿子"。随后，这些祭司们派出使者，向埃及各地宣布亚历山大是阿蒙神的儿子,并把埃及的最高头衔"法老"授予了他。

这样一来,亚历山大就顺理成章地成了埃及的法定最高统治者。至此,亚历山大也完全统治了波斯帝国的西部地区,包括小亚细亚、腓尼基、巴勒斯坦和埃及。

在被埃及祭司称为"阿蒙神之子"后,亚历山大听了印度哲学家普萨曼的一次报告。在报告中,普萨曼明确指出:

"神是全人类的帝王。"

这一说法让亚历山大茅塞顿开。从此,他的思想发生了很大变化。他开始认为,既然阿蒙神是普照全人类的,那么就应该对全人类一视同仁,全人类也不应该再有种族之分。进而,他准备打破希腊人与野蛮人之间的界限,勇敢地宣称:

"四海之内皆兄弟。"

亚历山大思想上的这一转变也是世界史上有关文明的一个最重要变化,同时也是一次思想上的大革命。这一革命认为,全人类本来就是天然的兄弟,应将希腊人和"野蛮人"联合成一体。

在这种思想的影响下,亚历山大决定,要让他的兵力所到之处达到万众一心。与此同时,他还产生了一种"天无二日,民无二王"的观念,认为照耀大地的太阳只有一个,那么统一人类的帝王也只能有一个。据此,他要从锡瓦绿洲走到他当时所认为的"世界尽头"。

在锡瓦逗留一段时间后,亚历山大回到了孟菲斯,随即便着手按照埃及的传统习俗建立民政和军事分立的埃及行政管理体系,指派马其顿人担任驻军指挥官,任命埃及当地人担任总督。将埃及事务安排好后,亚历山大便准备与大流士三世进行最后的决战了。

第十二章　决战高加米拉

在亚历山大帝国，各族人民都将是伙伴而不是主仆。

——亚历山大大帝

（一）

为了能与大流士三世进行最后的决战，公元前331年春，亚历山大从孟菲斯出发，率军先沿腓尼基河岸北上，然后向东一转，进入幼发拉底河，穿越北美索不达米亚，于9月20日到达底格里斯河。21日，部队渡过底格里斯河，向南沿通往巴比伦的路线行进。

在底格里斯河畔，发生了一次月全食，这在马其顿军中引起了极大的恐慌。为了消除疑虑，亚历山大祭祀了月亮、太阳和大地，并请占卜师阿里斯坦卜测。经过一番忙乱，阿里斯坦郑重宣称：献祭的牺牲预示着本月可获得大胜。

此时，大流士三世已经在美索不达米亚的高加米拉这块约为20平方千米的平坦地带部署部队，严阵以待，企图以逸待劳，迎战亚历山大。可是，在决战发生的前夜，即9月30日夜，大流士三世再次犯下了一个不可饶恕的错误。

由于在伊苏斯战役中被打败，大流士三世心有余悸，一听说亚历山大部队已经逼近，就惊慌不已，遂命令所有部队披盔戴甲，彻夜不眠，准备迎接亚历山大部队的进攻，结果导致部队疲惫不堪，斗志锐减。

与此同时，即9月30日的晚上，马其顿军方面，副统帅帕曼纽向亚历山大建议，这次波斯军在兵力上占据绝大优势，战斗准备又比较充分，因此应出其不意，利用夜暗发起进攻，一举击溃敌人。

而亚历山大则说：

"今夜进攻，虽然能取得一些局部胜利，但绝不能达到战略上全歼敌人。万一我们在我们进攻时，大流士三世见势不妙再次逃走，就给我们留下了后患，延误我们全歼敌人的战机。所以从全面考虑，今夜不战为宜。"

说罢，他便命令部队扎营休息，自己便入账休息。

次日拂晓，亚历山大仍在帐中沉睡，帕曼纽忍不住过来叫醒他，说道：

"陛下，看您的样子，好像我们已经胜利在握，而不是处于战前的生死关头。"

亚历山大没说话，而是微笑着起身，穿上一件西西里的外套，外加一件丝绸褂，又佩戴上银光闪闪的宝剑。束装完毕，亚历山大跨马而出，命令部队拔营向波斯军方面所在的平原开进。这是公元前331年10月1日。

两军渐渐靠近，大战一触即发。亚历山大来到左翼希腊联军阵前，以极具感染力的语言作最后的战前动员。士气高昂的希腊士兵高喊着口号，表达了殊死战斗的决心。

这场面让亚历山大很受感动。他左手握矛，高举右臂，大声祈祷：

"神明啊，如果我真是宙斯的儿子，就请保佑希腊人并赐予我们力量吧！"

做完战前动员后，亚历山大返回自己指挥的右翼骑兵阵地。他发现，波斯军队因人数众多，其左翼已经延伸到马其顿军的右翼外侧，形成包抄之势。

为避免波斯左翼骑兵攻打自己右方的侧翼，亚历山大下令军队向右前方挺进。大流士三世见状，也只好做出相应的调整，命令全军向左移动。最后，大流士三世担心马其顿军会移动到铲平的空地之外，令他的刀轮战车和骑兵失去作用，又下令左翼骑兵包抄马其顿右方侧翼，双方短兵相接。

当时，波斯方面的部署分中央、左翼和右翼三部分。其中，中央部分由大流士三世亲自指挥，他高高立于中央的战车上，监视整个战场。在他周围的，是步兵、长矛手、波斯和印度骑兵；前方是弓箭手、弯刀战车和15头战象，还有2000名希腊雇佣军面对马其顿部队的方阵。右翼是由波斯人梅沙乌斯指挥，其部队有大量的弯刀战车和骑兵，与马其顿军的副统帅帕曼纽相对。左翼由大流士三世的堂兄、巴克特里亚王博萨斯指挥，有2000名骑兵和一些大弯刀战车，面对的是亚历山大。

亚历山大方面仅有步兵4万人和骑兵7000人，兵力只有波斯方面的十分之一。但无论是作战经验还是军队的士气，马其顿方面都远胜波斯。

（二）

一切准备就绪后，亚历山大跨上战马，率部向敌军左翼逼近，决战随即展开。当亚历山大所部接近敌人阵地时，大流士三世立即命令战车对其发起冲击，以为依靠战车的优势可以击退亚历山大的军队，并将对方的方阵击溃。

但是，大流士三世的这企图没有得逞。他的战车刚一出阵，有的被马其顿阵前的梭镖手和其他轻装部队当场击毙，有的被诱入阵内，以伏兵聚而歼之，有的突入马其顿阵地后被皇家近卫军歼灭。

此时，在波斯左翼出现一个空隙，亚历山大非常机警，立即一马当先，率领八个精锐中队，一举冲入这个空隙。波斯部队经此猛攻，不禁开始动摇，开始四散逃向中央。而马其顿方阵在击溃敌人的战车后，迅速改变队形，猛攻波斯阵地上的希腊雇佣军，将其击溃。

这个时候，大流士三世已经腹背受敌，战斗进行得非常激烈。有几个波斯皇家卫士企图上前护卫大流士三世，但当即遭到马其顿部队长矛如林的打击。

大流士三世见自己的作战计划破产，卫士或死或伤，自己处于极度危险之中，顿时锐气全无，惊慌失措，慌乱中逃出战车，跳上一匹快马，仓皇逃离战场。随后，波斯左翼和中央的部队全线溃退。

当亚历山大正准备发兵追击大流士三世时，在左翼作战的帕曼纽因遭敌军围攻，情势十分危急，派一个骑兵前来急报亚历山大，要求火速前往救援。这样一来，亚历山大就不得不马上调兵去支援帕曼纽，从而推迟了对大流士三世的追击。

直到为帕曼纽解围后，亚历山大才率一队骑兵前去追击大流士三世。但由于途中流亡人员过多，道路堵塞，而且还有一部分残敌在途中袭击，亚历山大一直追到天黑，占领了波斯的后方基地阿拉伯，也没抓到大流士三世。

此时，大流士三世已经逃入东边的米底山区。亚历山大夺取了大流士三世慌乱逃走中遗弃的财宝、战车、弓箭、矛等，随后返回营地。

高加米拉战役奠定了亚历山大亚洲霸主的地位。至此，波斯帝国的覆灭也只是个时间问题了。在这次战役中，马其顿方面只损失了数百人，但马匹损失较多；而波斯方面据说仅战死者就达30万人，不过这显然是夸张了。

尽管亚历山大对这场战役取得了完全胜利，但他在几天后却不得不远离这里。30万战死的士兵和同样数量的大象和马匹的尸体，因为太多而没法被掩埋，致使这块土地只能被废弃。可怕的臭气和瘟疫让所有的居民都离开了，亚历山大也不得不离开这里。这场战役的直接后果就是，这片土地的大部分地区都只能被废弃，腐烂和瘟疫成为这里的真正统治者。

离开这里之后，亚历山大向两河流域南部的大城市巴比伦挺进。巴比伦是西亚的一座古城，位于美索不达米亚南部，濒幼发拉底河下游右岸，在今伊拉克首都巴格达以南约20千米处。古巴比伦王国和新巴比伦王国先后在此建都，成为当时两河流域的政治、经济和文化中心。国王宫殿壮丽，建有被称为世界七大奇迹之一的"空中花园"。全城有三道城墙围绕，主城墙建有360多座塔楼，外城墙还修有深达两米的护城河，是一座易守难攻的城市。

亚历山大原本以为巴比伦会进行顽强的抵抗，然而事情出乎他的意料。当他刚刚接近该城，巴比伦总督梅沙乌斯便召集城内祭司和要员商定献出城池。

因此，当亚历山大率部到达城下时，市民们早已打开城门等待。随后，总督带领全城市民，亲自将亚历山大迎进城内。亚历山大对自己所取得的这一成就感到骄傲而开心，这是他梦寐以求的荣誉。

在巴比伦逗留一段时间，并将城中的事务安排妥当后，亚历山大又率军向苏萨挺进。

（三）

苏萨是位于巴比伦东边的一个城市，波斯国王每到冬天都会住在这里。苏萨有华丽的王宫和坚固的堡垒，波斯王国的财富就贮藏在这些堡垒之中。

据说，在和平时期，波斯国王习惯收集硬币，然后将其融化，将金子装进土罐子中，然后打破罐子，让金子保留土罐的内部形状。大量的金银财宝就这样被收集起来。

亚历山大在遇到大流士三世之前，就听说过这种传言。因此，他早就派遣一个军官来到苏萨传达命令，要求他们主动投降。

苏萨的驻军接受了亚历山大的招降。此次亚历山大到来后，苏萨总督的儿子亲自出门迎接、献城，并告知亚历山大，城中所有的财宝已被封存，正准备作为献礼献给亚历山大。

亚历山大入城后，如数接受了献礼，其中包括约合今5亿美元的金币、金块，以及所有的皇家珍藏品。另外，还有薛西斯从希腊掠夺来的大量珍品，其中有两座价值连城的英雄铜像。亚历山大派人将这两座铜像送回雅典，将3000两银块送往马其顿。

在苏萨，亚历山大还按照传统的礼仪进行了祭祀活动，举行了火炬赛和运动会。同时，亚历山大还委任原苏萨总督继续留任，并为苏萨指派了一名军事指挥官和一名财务官员。

公元前331年冬，亚历山大离开苏萨，继续率部东行。这一次，亚历山大的目标是波斯的另一座著名城市波斯波利斯。

要到达波斯波利斯，就要由平原进入山地，途中需要渡过急流，穿过沼泽和丛林，经常有遭到敌军偷袭的危险。虽然有波斯人作向导带路，但在长途跋涉中也会遇到其他危险。

进入山地后，亚历山大得知这里有一个名叫攸克西亚的蛮族。他们把守着关口，要收过路费。当亚历山大率部进至距该关口不到半里路的地方，遇到攸克西亚人前来收费。亚历山大告诉他们，让他们回到关口去等着收费。攸克西亚人信以为真，快步回去，准备等亚历山大的部队前去缴费。

不料，亚历山大随即带领近卫部队由一条险隘的侧路直登山顶。这条侧路没有攸克西亚人的防御，因为这条路十分险峻，攸克西亚人认为亚历山大无论如何也过不去，可亚历山大却出其不意地通过了。

随后，亚历山大命部分近卫军留在山顶，自己则带领近卫军主力直下山谷，突击敌人垒石据点。很快，亚历山大就将这群蛮人打得四散溃逃。

攸克西亚人的障碍虽被扫除，但亚历山大前进的道路仍然困难重重。这时已是隆冬时节，天气寒冷，到处都是白雪皑皑，部队很难找到宿营的地方。亚历山大的部队在这种环境中又艰苦地跋涉了半个月，才终于来到波斯的关口。

在这里扼守关口的，是大流士三世的族兄、波斯郡总督阿瑞霸占尼斯。他拥有4万名步兵和7000名骑兵，据险扼守。在关口的入口险要处，还筑有高垒。当有敌人接近时，可以从上向下射箭或投掷石头。如果要从正面进攻，也难以攻破。所以，必须绕山路迂回到敌人的后方进行突然袭击，才有通过这个关口的可能。

根据关口的实际情形，亚历山大命擅长攻坚的克拉托雷斯指挥一半部队从正面进攻，牵制敌人；同时与他约定，一定听到远处另一方马其顿军队发出号角声，就立即全力进攻。

随后，亚历山大亲自率领余部踏雪穿林，乘夜暗抵达敌人的背后。天还没亮，亚历山大便率部发起猛烈进攻，连续攻克敌人两个哨位。

此时，敌军首领还在帐中酣睡，根本没料到会遭到来自背后的袭击。这时，马其顿号角齐鸣，克拉托雷斯从正面进攻，亚历山大从背后进攻，敌人腹背受敌，顿时军心大乱，顷刻间便全线崩溃。只有阿瑞巴占尼斯带领少量骑兵逃入深山密林之中。

越过这一关口后，亚历山大在敌人尚未有任何准备的情况下，突然冲入波斯波利斯。在这座都城里，亚历山大获得了无数的宝藏。

然而，亚历山大在这里也做了一件错事。他不听众人劝告，为报复过去对波斯人的仇恨，竟于公元前330年春下令烧毁了美丽的波斯波利斯皇宫。这场大火标志着波斯帝国的灭亡，同时也标志着亚历山大可以为所欲为，真正成为"亚洲之王"。

第十三章　大流士三世之死

我要赢得光明正大。

——亚历山大大帝

（一）

公元前330年3月末，亚历山大在波斯波利斯经过一段时间的休息后，再次率部出发，向西北方向行进，目标直指波斯的最后一座都城——埃克巴塔纳。

原来，上次大流士三世在从战场上逃走后，几经辗转，最后来到了埃克巴塔纳。他打算在这里观察动向。如果亚历山大继续追击，他就计划退向内地，并在退却过程中坚壁清野，阻止亚历山大的前进。

为此，大流士三世还派人将一些随行的妇女、行装和篷车等送到里海关口，而他本人则率残部继续留在埃克巴塔纳，准备伺机而动，甚至企图凭借手中尚可动用的3000名骑兵和6000名步兵与亚历山大对抗。

亚历山大听说大流士三世躲在埃克巴塔纳，立即下令加速前进。大流士三世开始时还有些抵抗的决心，然而事到危急，他顿时违背初衷。当亚历山大历经15日的行程，兵临埃克巴塔纳城下时，大流士三世早已于5天前逃之夭夭了。

亚历山大进入埃克巴塔纳后，又在这里缴获了大量的金银财宝。不过，他发现部队中的满足感和厌战情绪开始高涨起来，许多官兵都不愿再继续征战，甚至包括副统帅帕曼纽。有些高级将领也开始与亚历山大发生直接争执，认为战争应该适可而止，不要再继续无休止地远行征战了。

于是，亚历山大在埃克巴塔纳停留了几个星期，并下令解散了色萨利骑兵和联军中的希腊部队，给这些部队的官兵发放了薪水和补贴，让他们复原回家。

亚历山大这样做自有其理由，这意味着希腊复仇战争已经结束。在与希腊城市打交道时，科林斯同盟军依然是有用的工具，但亚历山大与希腊人在战争中的特殊伙伴关系已经不复存在。从此以后，浩浩荡荡前进的将是亚历山大的帝国大军，而不再是同盟军。

虽然亚历山大给每一位士兵都发放了薪饷，并且还犒赏了一份礼物，言明他们可以回家，但也可以留下来以个人名义重新入伍，不少希腊士兵都选择了后者。

随后，亚历山大命令哈帕鲁斯率领6000人马，在埃克巴塔纳看守金库，并维护该地的交通线；命令克雷图斯率领6000人马向帕西亚进军；又命令帕曼纽率领雇佣军、色雷斯部队及一部分骑兵向米底地区进军。

但是，这次帕曼纽拒绝了亚历山大的命令，而是在埃克巴塔纳按兵不动。他认为亚历山大已经令不少地区臣服，可以就地收兵了。在他身上，也体现出了马其顿人对亚历山大的不满。不过，帕曼纽是阻止不了亚历山大征服的脚步的，最终他被解除了兵权，不久又因其子叛乱被株连处死。

在安排好一切后，亚历山大亲自率领主力部队开始追击大流士三世。在行军过程中，由于速度过快，不少官兵都疲劳掉队，马匹也因过于劳累而死伤无数。但是，亚历山大丝毫不为所动，继续快速前进。

经过11天的急行军，亚历山大到达拉加。可是，大流士三世已经提前从里海关口逃跑了。在跟随大流士三世的人中，有不少人都逃跑回家了，还有一大批人投降了亚历山大。

在得知大流士三世已经从里海关口逃跑后，亚历山大便命令部队在拉加休息几天。在这期间，他指派一个曾在苏萨被大流士三世关押过的波斯人担任米底总督，让他负责好该地区的秩序。

随后，亚历山大再次率领部队向帕西亚挺进，第一天便在里海关口宿营，第二天跨越关口，进入到一条狭窄的荒漠地区边缘。可这样日夜兼程也无济于事，大流士三世的军队已经通过了这条窄道。亚历山大只好命令部队停下来休整，同时也等候一下后面掉队的人，然后再继续前进。

在晚上宿营时，亚历山大又派出小股部队在附近寻找粮食，因为队伍里的马匹无法携带走这么远路程的粮食，食物需要从行军地方的附近来获得。

（二）

在等待那些搜寻粮草的人回来的时候，一个波斯贵族走进营地告诉亚历山大，大流士三世和他的部队就在前方，距离亚历山大的部队只有两天的行程。

同时他还告诉亚历山大，大流士三世的营垒中发生了剧烈的政变。在波斯贵族当中，有一派始终忠于国王，在国王临难之际，谁也不忍离去。但还有一派属激烈分子，认为大流士三世懦弱无能，跟随他这样跑来跑去，最终恐怕也只能是与他同归于尽。

一天，在大流士三世召开的军事会议上，有人提议应由大夏总督、大流士三世的堂兄博萨斯取代王位，领导波斯部队继续抵抗亚历山大。大流士三世听了这样的话后，愤怒地拔剑向提议者刺去。提议者见势不妙，拔腿逃出会场。

入夜后，一位老将军警告大流士三世说，有人正在搞阴谋活动，应该提高警惕，加强戒备。但大流士三世却没有进行任何防备。

几天后的一个深夜，当大流士三世正在帐中酣睡时，忽然几个异党冲入帐中，将大流士三世五花大绑，投入一辆篷车中，然后由几个士兵押着，随博萨斯的部队向东而去。

随后，博萨斯取代了大流士三世的地位，掌握了波斯军的大权。这些劫持大流士三世的当权者还决定，如果亚历山大继续追击，必要时就将大流士三世交给他，以增加谈判的砝码；如果亚历山大停止追击，他们就抓住机遇，扩充波斯军的部队，稳住阵脚，以便日后继续与亚历山大对抗。

亚历山大在得知这一情况后，马上决定全速追击。虽然此时他的部队因多日持续跋涉已经疲惫不堪，但为了能抓住大流士三世，亚历山大顾不了这么多了。他下令部队立即出发，日夜兼程，拼命追赶。

第二天下午，他们到达了波斯军的另一个宿营地。那是一个小村子，村民们说，前一天博萨斯还押解着大流士三世在村中过了一夜，天未亮就又向西逃走了。

亚历山大询问当地村民，是否有比敌人行进的路线更短的其他小道。村民告诉他，倒是有一条岔路，但那条路上荒无人烟，是一片荒凉的沙漠地带，且缺乏饮用水。在当时的行军过程中，士兵们通常都带着很重的武器和补给，没办法带水，所以选择一条有充足的水源的路线十分必要。但此时亚历山大已经顾不了这么多困难了，决定立即带领小股部队从这条岔路行进。

至此，亚历山大已经离开马其顿两年，深入亚洲腹地。他一直都将

103

大流士三世当做自己的主要敌人和对手，征服了大流士三世的军队，占领了他的城市，烧毁了他的王宫，俘虏了他的家人，让自己成为大流士三世所有领土的主人。但是，只要大流士三世依旧是自由之身，胜利就不算彻底完成。抓住大流士三世本人，才是他在征服过程中获得的最后胜利。

他已经追赶大流士三世约2900千米了，从一个行省到另一个行省，从一个王国到另一个王国，追得大流士三世筋疲力尽，追得他的军队四散奔逃，勇气和希望也不断消失，而作为追赶者的亚历山大，其热情和希望却因胜利就在眼前而更加充沛。

（三）

当亚历山大对大流士三世穷追不舍时，博萨斯已经宣布自己为波斯的新国王，称薛西斯四世，而大流士三世则被关在篷车的囚笼之中。他自己做梦都没想到，自己当年不可一世，今天却落得个如此国破家亡、妻离子散、身陷囹圄的可悲下场。

博萨斯宣传称帝后，继续率领残部，带着大流士三世向巴克特里亚境内逃去。

亚历山大率领500名骑兵，仍然沿着那条狭窄的小路艰苦而顽强地追赶着。为了保持队伍的战斗力，亚历山大命令骑兵下马，将他们的马匹让给从步兵中挑选出来的最勇敢有力的战士。士兵们都希望自己能够被挑选出来，因为这样就可以与亚历山大一同完成这最后的征程，赢得最终的胜利。

亚历山大率领这支队伍按照当地向导指示的路线前进。他们整整行进了一夜，在清晨时分到达一个高处。从那里，他们看到了波斯军队就在他们前方不远的地方。波斯的步兵、骑兵和战车都混乱无序地拥挤在一起，缓慢地行进着。

亚历山大见状，下来部队急行追击。博萨斯眼见亚历山大的追兵逼近，吓得大惊失色，一面命令骑兵停止前进，在后面原地进行抵抗；一面自己率领残部，带着大流士三世继续逃跑。

亚历山大的骑兵很快就来到博萨斯的骑兵面前，双方展开激战。顷刻间，博萨斯留下的这些后卫部队战死无数，余部也纷纷作鸟兽散。

这时博萨斯发现，关押大流士三世的战车太笨重了，根本跑不快，于是决定抛弃它。他们让大流士三世乘上一匹马与他们一起逃走，抛弃剩下的军队和行李，但大流士三世拒绝这样做。他说他宁可落在亚历山大的手中，也不愿意落入这些背叛者的手中。

本来就穷途末路的博萨斯和他的同伙们，一下子就被大流士三世的话语激怒了。他拿起长矛就向大流士三世刺去，并刺伤了大流士三世，然后丢下他，自己带着600名骑兵慌忙逃跑。

大流士三世受了重伤，疲惫不堪地躺在战车中。他在精神和体力上都消耗到了极点，主要是源于痛苦的折磨和难耐的悲伤。他的国家沦陷，家人被俘，妻子因与丈夫分别而忧伤致死；他的城市落入敌人手中，财宝被抢夺一空。而到了最后，他又被自己信任的人抛弃和背叛。在这些不忠的朋友转为公开的敌人的时候，他感到万念俱灰。他对博萨斯的怒火是如此强烈，以至于对亚历山大的敌意反而变成了一种友谊。在他看来，亚历山大也是君主，所以他能够理解一个君主的不幸。而亚历山大对他的母亲、妻子和女儿的善待，也让他充满感激。

所以，他拒绝再次逃走，而是静静地躺在战车里，等候亚历山大的来临，就像等待一个保护者和一个朋友，一个可以在不幸之中寻求安慰的对象。

亚历山大的骑兵击溃博萨斯的骑兵后，开始四处搜寻，认为波斯军队在如此慌乱的时候可能会抛弃大流士三世。最后，他们在战车中发现了被刺成重伤血流不止的大流士三世。

他们扶起大流士三世，大流士三世请求给他一些水。在战场上受伤死亡的人，通常都会被无法忍受的干渴折磨。此时，这位曾经的波斯国王就正在经受着这种折磨。

随后，一个马其顿士兵去取水，其他人则离开四处寻找亚历山大，准备让他见到这个他追了很久、现在正处于死亡边缘的敌人。

（三）

大流士三世得到水后，见亚历山大还没有来，便对马其顿士兵说：

"请转告亚历山大国王，我对他充满感激，但我现在没办法回报了。他对我的母亲、妻子和孩子那么善良，不仅饶恕了她们的生命，而且还精心照料她们，让她们开心。我心中最后的感情就是对他的感激。我希望他能够继续前进，就像最开始时那样，完成最后的胜利征服。"

喘息了一阵，大流士三世继续说：

"我还有一个最后的请求。如果有必要的话，我希望亚历山大国王能够继续追赶背叛者博萨斯，为我复仇。但我确信亚历山大国王会为了他自己而这样做的。每一个国王都会对背叛者进行惩罚。"

说完，大流士三世抓住给他带来水的马其顿士兵的手，虚弱地说：

"用我握过的这只手去握住亚历山大国王的手。这是我对他的感激和敬爱。"

大流士三世越来越虚弱。马其顿士兵环绕在他周围，竭力想在亚历山大到来之前留住他的性命，但最终没能如愿。大流士三世渐渐陷入昏迷，不久就停止了呼吸。

当亚历山大赶来时，大流士三世已经死去几分钟了。他起初对这场情景感到震惊，接着便陷入悲伤之中，甚至悲伤得啜泣起来。大流士三世一直不曾伤害过他，也没有对他做过什么错误的事，但他却一直残忍地追杀这位波斯国王，一直到他死去。而这仅仅出于他对征服的热爱。

亚历山大脱下自己身上的战袍，亲手盖在大流士三世的遗体上，并立即安排给尸体防腐，然后用昂贵的棺材隆重地将大流士三世的遗体运往波斯都城波斯波利斯，送给他的母亲。这样，她就可以亲眼看到大流士三世被埋葬在波斯国王的陵墓里。

这是怎样的一个礼物啊！追杀儿子的凶手为了表达敬意，竟然用隆重的礼节送回了儿子的尸体。

随后，亚历山大继续率部向东北方向行军，追击博萨斯，一直穿过奥克斯河后，才追上他们。这条河向西北方向流入里海，河流很深，岸上和河底都是沙子，无法架桥。为了渡河，亚历山大做了大船和筏子，又用鼓起来的皮或填满了稻草干草的皮来制船。

渡河后，亚历山大继续追赶。博萨斯手下的将军在发现无法逃跑之后，也背叛了他，就像当初他背叛了自己的国王一样。他们给亚历山大送信说，如果他派遣一支部队到他们指定的地点，他们就将博萨斯交到亚历山大手中。

亚历山大立即指挥托勒密去完成这件事。托勒密经过侦察发现，博萨斯正在附近的一个小城中避难，因此轻而易举地抓到了他。随后，托勒密派人送信给亚历山大，说博萨斯已经在他手中，请求指令。

亚历山大回信说：

"在他的脖子上绑一条绳子，再把他送来给我。"

当博萨斯被带到亚历山大面前时，亚历山大质问他，为何如此卑劣，竟然杀害既是亲戚又是国王的大流士三世。博萨斯立即将自己的罪行全部推到他的同伙和朋友身上。他大喊着说：

"这一切都不是我干的，是他们干的！"

亚历山大对博萨斯的回答感到很愤怒。他下令让博萨斯受到公开的惩罚，在他的脸上刺上记号，就像当时的暴君所希望给予他的受害者一个永远耻辱的记号一样。这样，让博萨斯带着对即将接受惩罚的痛苦和恐惧，亚历山大将他送给了大流士三世的母亲。

大流士三世的母亲对博萨斯的惩罚更加直接，对博萨斯进行了严酷的折磨，最后令他被分尸惨死。

寻找亚历山大大帝

第十四章 东方化引发的冲突

我们为荣耀而生，也将为荣耀而死。

——亚历山大大帝

（一）

大流士三世死后，波斯帝国遂宣告灭亡。亚历山大正式将马其顿和波斯合并成为马其顿—亚历山大帝国，并宣布自己为亚历山大大帝。

这位帝王所要管辖的疆土实在太大了，这个帝国的范围此时包括欧洲的马其顿、希腊，非洲的埃及、利比亚，以及亚洲的大片土地。

为了加强对这一强大帝国的统治和继续进行几乎没有止境的远征，公元前330年秋，亚历山大在巴克特里亚从行政和军事方面采取了一系列的改革举措。

在行政方面，基于对马其顿人、希腊人和亚洲人应"一视同仁"的观点，亚历山大起用了大批归顺的波斯总督和将军，收编了大量投降的波斯部队。

在军事方面，亚历山大认为，此前的战役多沿用父亲腓力二世的战法，当然这无疑也是对的。但下一步的作战环境会发生变化，需要重新创立战斗方法。为了日后能在山地进行运动战，就必须拥有一套机动力量，既能迅速集中攻击，又能迅速分散作战。据此，亚历山大决定将原有的直属重骑兵8个中队分编为16个中队，同时为其增派指挥官和武器装备，使得每一个中队都成为今后进攻部队的核心，具有高度的作战能力。

同时，他还从当地的部队中征集人员，扩充轻装步兵和弓箭手部队；还征集了三万名波斯人入伍，以补充遣返回国的骑兵之缺。

这些举措无疑对日后的军事行动具有重要意义。但是，大部分马其顿军官对此却不以为然。在他们看来，马其顿人总是比波斯人优越。波斯人过去总是与马其顿人为敌，现在却与马其顿人一起享受着平等的待遇，实在心有不甘。而且他们认为，现在已经打完仗了，征服了波斯，就应该回家分享胜利的果实。因此，军队中普遍产生了厌战的情绪。

在亚历山大的战友眼中，亚历山大的性格和脾气也发生了变化。他总是穿着东方的服饰，行为举止也刻意模仿东方的专制君主。不仅如此，他的脾气也越来越大，越来越独断专行，听不见别人的任何意见。

亚历山大的这种变化其实是很自然的，是他面对新形势有意调整统治政策的必然结果。现在，他已不仅仅是马其顿人的国王，希腊联盟的领袖，而是幅员辽阔的东方新帝国的主宰。统治着如此庞大的一个国家，治理着如此众多的臣民，希腊人以往那套民主方式显然已经行不通了。他要学会以东方人习惯的方式来管理他的新帝国，统治他的新臣民。他要摆出大国君主的威严，让他的下属、臣民都敬畏他、崇拜他。

因而，在待人接物方面，亚历山大也逐渐表现得日益专横跋扈。这种作风常常令他的战友和朋友们无法接受。他的那些战友们从小就与他一起长大，一起东征，浴血奋战，立下了汗马功劳。而且，他们出身高贵，有不少都是王族的成员，不乏野心勃勃的智勇之士。在他们的眼中，国王只是一个品级最高的贵族而已。他们还不习惯亚历山大的这种专横作风，并对他笼络波斯贵族、以夷制夷的策略感到不理解。

如此一来，亚历山大与这些朋友之间的裂痕也越来越深了。

（二）

一直以来，副统帅帕曼纽因不受到重视，早已对亚历山大心怀不满。此时，他更是认为亚历山大反复无常，难以容忍。他的儿子菲罗塔斯本来是亚历山大孩提时的"伙友"，比亚历山大年纪稍大，一直亚历山大军中的骨干。

但是，菲罗塔斯的性格上也有一些弱点。他骄傲自负，行为奢侈，而且头脑简单，说话随便。据说，他在大马士革俘房的波斯女眷中挑选了一个漂亮的希腊籍女子作情妇。一日醉酒，他在情妇面前吹嘘，声称如果没有他的父亲帕曼纽和他菲罗塔斯，腓力二世和亚历山大什么事都做不成。总有一天，他会对亚历山大下手，将亚历山大从王位上拉下来。

此话不小心被他的情妇泄露，辗转传到亚历山大的耳中。开始时，亚历山大还不肯相信，对这些传言淡然置之，但久而久之，他也开始怀疑这些针对他的阴谋，并暗中责令这个女子随时汇报菲罗塔斯的言行。

最终，一个有菲罗塔斯卷入的阴谋发生了。

一天，亚历山大获悉了一个针对他的叛乱计划，这个计划打算废黜并杀掉他。菲罗塔斯从自己的一个朋友那里听到了这个消息，但他没有告诉亚历山大。

最终，亚历山大查明这场阴谋的主谋是军中一个名叫蒂姆努斯的将军。他立即派人前往蒂姆努斯那里，要求召见他。蒂姆努斯知道定然是事情败落，因此没有遵从亚历山大的召见，而是拔剑自杀了。

蒂姆努斯死后，亚历山大派人找来菲罗塔斯，询问他是否知道蒂姆努斯的这场阴谋而没有告诉自己。

菲罗塔斯回复说，他知道这件事，但并不相信，这样的故事经常会被编造出来。现在因为蒂姆努斯的自杀，他才相信这些是真的。因此，他请求亚历山大的宽恕，原谅他没有立刻将这一情报传达给亚历山大。

亚历山大拉着菲罗塔斯的手，亲切地说他相信菲罗塔斯是无辜的，是出于对这个阴谋的不相信，而不是罪恶地参与了这个阴谋。

菲罗塔斯离开后，亚历山大并没有让此事到此为止，而是马上召开一次会议，与会者包括他最好的朋友和军中的主要将领。他将整个阴谋的事实摆在他们面前，这些人就菲罗塔斯是否参与此次阴谋得出了不同的结论，但大多数都认为菲罗塔斯参与了此次犯罪，并要求审判他。在当时，审判也就意味着严刑逼供。

亚历山大采纳了他们的意见，当晚便逮捕了菲罗塔斯。第二天，亚历山大召集全军将帅会议，组成最高军事法庭。随后，亚历山大向众人宣布称，有人要谋害他，幸而及早发现。接着，他提出了几位证人，并将死去的蒂姆努斯的尸体抬出来作证。

亚历山大还说，此事案发前，曾有人向菲罗塔斯告密，但菲罗塔斯没有向他报告。看来，菲罗塔斯一定是参与了此次阴谋。

这个场景和国王的陈述在公众中间产生了震撼的影响，众人的情绪也因亚历山大现场所作的陈述而更加激愤。亚历山大说，他有理由相信菲罗塔斯和他的父亲帕曼纽。因为他们都是接受过他授予的最高荣誉的军官，是被给予了无限信任的人，而他们却是这整个阴谋的发起人。

说完，亚历山大命人将菲罗塔斯带上来。此时他已经被当做罪犯看管着，手被绑在后面，头上蒙着粗布，看上去既沮丧又绝望。虽然他知道自己是来接受审讯的，但他也很清楚，这就意味着折磨，而结果却毫无希望。

亚历山大出去后，菲罗塔斯开始受审。审讯者首先倾听了菲罗塔斯为自己的辩护。菲罗塔斯说，不管目前对他有何种猜测，都没有确切证据。因此，他请求审讯者秉持正义，不要以莫须有的罪名来给他定罪。

不过，审讯者给予他的答复却是准备给他上刑。不一会儿，菲罗塔斯就被几个武士带到刑具上行刑。在刑讯逼供之下，菲罗塔斯不堪忍受，只好承认所有他们要求他承认的事情，只求能够安静地死去。

第二天拂晓，亚历山大便下令将菲罗塔斯带到刑场，依照马其顿的旧法，当众用长矛将他刺死了。

菲罗塔斯被处死时，他的父亲帕曼纽正在米底，掌管着亚历山大的大部分军队。根据判决，他也必须被处死，但现在他在千里之外，又掌握着庞大的军事力量，所以需要采取小心谨慎的措施来保证对他的判决可以顺利进行，并且行动还需要秘密而迅速。

亚历山大派了一个特殊的执行人名叫波吕达玛斯。他是帕曼纽的亲密朋友。波吕达玛斯被任命前往米底监督帕曼纽的处决。之所以被选中他去执行这项任务，是因为如果是陌生人或敌对者前往的话，帕曼纽会产生怀疑。

波吕达玛斯来到米底后，见到了帕曼纽。老将军此时已经80岁了，一听说波吕达玛斯前来拜访，急忙出门迎接。波吕达玛斯热情地与老将军寒暄，然后拿出一些伪造的信件，称这是他的儿子菲罗塔斯写给他的。

帕曼纽读着信，看上去很高兴。他无法辨别信件的真伪，因为那时候很多书信都是由秘书写的，仅仅靠印章来鉴定真假。

帕曼纽听说儿子一切无恙，感到很开心，并开始就信中的内容与波吕达玛斯交谈。这时，波吕达玛斯瞅准一个机会，抽出随身携带的匕首向帕曼纽刺去，并一下子刺中了帕曼纽的咽喉。可怜征战一生的老将军，就这样不明不白地丢了性命。

（三）

帕曼纽和他的儿子菲罗塔斯在没有确切的证据证明他们有罪时，就这样被残忍地处死了，这给亚历山大的荣誉造成了很不利的影响。

不久之后，另一件事情发生了，这次事件造成了更加恶劣的影响。亚历山大最初的公正和慷慨，正在逐渐被一种无法控制的冲动所左右。这件事就是克雷图斯被杀事件。

克雷图斯是亚历山大军中的一位著名将领，很受亚历山大的信任和重用。他还曾在格拉尼库斯河战役中救过亚历山大的命。当时，如果不是克雷图斯冒死冲过去砍杀围困中亚历山大的敌人，恐怕亚历山大那时就已经没了性命。

这样的忠诚和勇气让亚历山大给予了他很大的信任。在帕曼纽死后，帝国一个重要行省的官员辞职了，亚历山大便任命克雷图斯填补了这一空缺。

在克雷图斯离开旧职的前一天晚上，亚历山大邀请他参加一个宴会，这次宴会也是为了庆祝克雷图斯升职而举行的。克雷图斯和许多客人都来赴宴。他们像往常一样自由愉快地饮着酒。亚历山大也很高兴，像往常一样夸赞着自己的功绩。同时作为对比，他还不停地贬低他父亲腓力二世的功绩。

克雷图斯曾辅佐过腓力二世。他现在也已经是一位老人，与其他老人一样，他对自己年轻时的荣耀也很在意。所以，当他听到亚历山大将他父亲在格拉尼库斯河的胜利归功于自己时，感到有些愤愤不平，于是开始向身边人嘟囔，说国王总是不断地夸耀那些不属于他自己的荣耀。

亚历山大见克雷图斯在一旁嘟囔,就问他在说什么,没有人回答。而克雷图斯则继续谈论。随着自己的情绪变得越来越激动,他说话的声音也越来越大。他大声地赞颂腓力二世的性格,赞扬他的军事才能,说他比现在亚历山大所取得的成绩要伟大得多。

不一会儿,参加宴会的人们都纷纷参与到争论中来,年老的人怀念腓力二世和以前的日子,年轻人则都支持亚历山大。

克雷图斯越说越激动,他甚至开始赞扬起刚刚被处死的帕曼纽,说他曾经是腓力二世时期最伟大的将军,并开始指责他最后被审判和被处决的公正性。

听到这里,亚历山大有些恼怒了,开始起身反驳克雷图斯。而克雷图斯居然也从座位上站起来,情绪完全失控,开始用严厉的语言指责亚历山大。

"这是一双手,"他边说便伸出自己的胳膊,"这是一双在格拉尼库斯河战役中救过你的手,而帕曼纽的命运则说明你会抱着怎样的感激态度和用什么来回报对你的忠诚奉献!"

亚历山大被这句话彻底激怒了。他要求克雷图斯离开宴席。克雷图斯服从了,但在离开时,他大声说道:

"他做得没错。他最好不要忍受能够说出真相的人。是的,他做得没错。对他来说,最合适的生活就是与那些野蛮人和奴隶在一起,他们会崇拜他的华丽奢侈!"

亚历山大忍无可忍,顺手抓起一支标枪就向克雷图斯的头部扔去。客人们一下子都混乱地站起来,惊慌地大声呼喊着。一些人抓住亚历山大的胳膊,一些人催促克雷图斯赶紧出去,剩下的人则大声地互相指责和威胁。

克雷图斯被推出门去,可他在路上挣脱了,又从另一扇门冲了进来,继续指责亚历山大。愤怒的亚历山大再一次拿起标枪,狠狠地向克雷图斯刺去,这一次终于刺中了克雷图斯。克雷图斯当场倒在血泊之中。

当亚历山大看到克雷图斯惨死在地上,才一下子清醒过来,并意识到自己酒后所犯下的惨杀救命恩人的罪恶,不禁失声痛哭起来。

这不仅是一桩罪行,也是个人的一个大悲剧。此后几日,亚历山大都闭门不出,拒绝饮食,口中不停地喊着克雷图斯和他姐姐兰妮思的名字。兰妮思曾是亚历山大的奶妈。亚历山大泣不成声地说:

"兰妮思,是您哺育我长大成人,可我又是如何报答您的恩德的呢?您亲眼看到您的孩子为我打仗而牺牲,可现在,我却亲手杀死了您的弟弟、我的救命恩人。我真是十恶不赦!"

众人见亚历山大如此悲伤,都纷纷出来努力劝说亚历山大恢复到正常健康的状态。为此,占卜师说这件事是酒神狄俄尼索出于愤怒杀死了克雷图斯。雄辩家阿菲卡迪斯一进入亚历山大的门,就大声喊道:

"瞧,这就是亚历山大,全世界都注释着的亚历山大。但他就像个奴隶似地在哭泣,难道你不知道宙斯的两旁有正义和法律,就是为了说明世界之主所做的一切都符合法律和正义吗?"

事后,亚历山大下令为克雷图斯举行了隆重的葬礼,并向全军承认了自己酒后杀人的罪行。克雷图斯就这样结束了自己征战的一生。

尽管不断有争吵、嫉妒,甚至阴谋和反叛,但远征依然在顺利地进行着。凭借自己的天才和高压手段,亚历山大仍然牢固地控制着他的军队和他的权势。

第十五章　洗劫七座城池

我们要为国家和祖先赢得荣誉。

——亚历山大大帝

（一）

时间转眼到了公元前329年，随着春天的到来，亚历山大和他的军队开始向北进军，准备跨越兴都库什山的险峻屏障。由于时令尚早，他们便决定走路程虽远但地势较低的哈瓦克出口。

不过，即使这较低的高度，也让这支部队因积雪难行和给养短缺而吃尽了苦头。山中积雪深厚，行军极其困难。军粮用尽了，战马累死了，饥寒交迫的将士们只好生吃马肉，因为连烧烤的木柴都没有。饥饿、寒冷、疲惫、绝望……深深地侵袭着他们。除了忍耐，他们别无办法。有些战士支撑不下去了，纷纷倒在雪地里，永远埋骨于这异域的高山之上。

大部分将士的脚都生了冻疮，寸步难行，但还是勉强支撑，一步步地走下去。由于白雪过于刺眼，许多将士都患上了雪盲。

亚历山大不停地巡视着所有的军队，鼓励他们不要放松意志而倒在雪中。他自己有时跑到部队的前面，有时跑到部队的中央，有时跑到部队的后面，为所有的将士们加油打气。他不停地驱策所有的将士们，而他本身所忍受的艰苦更甚于手下的将士们。

亚历山大率领大军横越过冰天雪地的兴都库什山，一共花了15天的时间，最后总算到达山的另一面，进入巴克特里亚地区。

随后，亚历山大又率部向北深入索格狄亚那地区，首次占领了该地区的首府马拉坎达（今乌兹别克斯坦的撒马尔罕）后，继续前进，一直抵达波斯帝国的最北端雅克萨提斯河。

雅克萨提斯河又名塔内河，即今天的锡尔河，发源于兴都库什山脉，注入咸海。在这一地区，亚历山大遇到了3万多当地土著人的袭击。他们躲藏在深山老林中，神出鬼没，杀死了不少分散在各地征集粮草的马其顿人。

开始时，亚历山大率部向这些土著人多次进攻，都被击退了，他自己的腿部也被射伤了。但最后这些土著人还是被亚历山大歼灭了，仅有不到8000名土著人得以逃生。

在初步稳定这一地区的局势后，亚历山大便决定在雅克萨提斯河南岸建立一座以自己名字命名的城市。这是亚历山大在远征途中所建立的最北的、也是最远的一座亚历山大城。

亚历山大认为，建立这座城市具有十分重要的战略意义。凭借这座城市，向北可以讨伐西述亚，向南可以控制索格狄亚那。

经过一个多月的日夜兴建，这座新城在雅克萨提斯河畔落成了。为庆祝这座新城的建成，亚历山大下令举行了隆重的庆祝活动。

此后，亚历山大又规定，一切希腊雇佣军和马其顿军队中不适于继续服役的老兵和伤残人员，以及当地自愿建城的土著人，都可以来到这座城市定居，其目的就是要将该城变成一个永久性的北方战略基地。

然而，正当亚历山大在这里大兴土木建筑城市的时候，当地部落首领将驻守在沿河一带城市的马其顿人统统抓住并杀掉，而后躲入伽扎、希罗波利斯等七座城市中，负隅顽抗。

这下惹怒了亚历山大，他决心要将这七座城市一一征服，纳入自己的统治范围之内。

（二）

亚历山大首先要攻打的城市是伽扎。率军来到伽扎城下，勘察地形后，亚历山大随即下令步兵攻城，骑兵则把守住各个路口。

随着一声进攻令下，不一会儿，部队便一举破城而入。顿时，城中火光四起，杀声震天。出于对伽扎的仇恨，马其顿兵在攻入城内后，将城中的成年男子全部杀掉，财产抢劫一空，妇女、儿童则全部被变卖为奴隶。

随后，亚历山大又在五天之内洗劫了巴伽、科萨尼帕、卡塔尼斯和奥斯塔尼斯四座城市。接着，亚历山大又率部直奔希罗波利斯。

希罗波利斯是该地区最大的一座城市，由波斯帝国的缔造者居鲁士人帝在位期间所建。这里的城墙又高又厚，守军也非常顽强。当亚历山大率部赶来时，希罗波利斯守军正与先期过来围攻该城的马其顿军队一部对峙。

亚历山大来到城下后，首先调集擂石器，做好进攻准备，然后又骑马围城侦察地形。在侦察过程中他发现，有一条引河水入城的渠道，部队可以从渠道涉水进入城内。

据此，亚历山大立即制定出一个攻城计划：先为一部分兵力配备擂石器，从城墙的一角佯装进攻；而他自己则率领一支秘密部队，从渠道秘密涉水入城，夺取城门，迎接大部队进城。

战斗开始后，佯装部队发起凶猛攻击，城中的大部分守军都集中抗击。这时，亚历山大率其精锐部队，一举从渠道涉水入城，打开城门，城外的大部队随即蜂拥而入。

然而，守敌并不甘心失败，而是发起了更加猛烈的反击。一时间，杀声震天，血流成河。在混战之中，亚历山大的头部也被一块飞石击中，幸好无大碍。战士们牺牲者更是不计其数。

经过浴血奋战，马其顿军队终于击溃了守城的敌军，杀死守敌8000余人，进入希罗波利斯皇宫，夺取了大量的财宝。最后，马其顿士兵又将该城付之一炬，使该城化为一片灰烬。

趁着部队士气正旺，亚历山大又以雷霆万钧之势，横扫、洗劫了七座城市中的最后一座——阿斯塔拉。至此，当地部落在雅克萨提斯河沿岸扼守的七座城市已经全部被亚历山大血洗殆尽。

就在亚历山大攻打这七座城市的时候，雅克萨提斯河北岸的西徐亚人派出了一支部队来到河畔，企图趁亚历山大攻城的时机，偷袭马其顿部队。

与此同时，北部粟特的贵族斯皮塔米尼斯又率部从后面包围了亚历山大驻守在马拉坎达的部队。

亚历山大闻讯后，立即派出1500名士兵前往支援，自己则仍然指挥部队继续征讨那些不愿意归顺的部落。

（三）

在当时索格狄亚那的所有部落首领中，最闻名的就是粟特的首领斯皮塔米尼斯。他原是索格狄亚那地区一个游牧部落的首领，英勇善战，足智多谋，曾帮助过统治巴克特里亚地区的柏萨斯同亚历山大作战过。

柏萨斯死后，斯皮塔米尼斯逃到北方，继续招兵买马，扩张队伍，与亚历山大进行斗争，对亚历山大的远征军造成了极大的威胁。

斯皮塔米尼斯的部队装备虽然不完备，有时甚至用木棍当武器，但由于擅长突然袭击，所以在不长的时间里，就拔掉了马其顿军的许多据点，并逐渐发展成为一支拥有骑兵一万余人的武装力量。

就是凭借这支武装力量，斯皮塔米尼斯趁亚历山大在北方洗劫七城脱不开身之机，出其不意地从后方包围了亚历山大在该地区的重要据点马拉坎达。

公元前328年春，斯皮塔米尼斯的部队与马其顿军在马拉坎达城下展开了一场激战。在率领主力攻城时，斯皮塔米尼斯部队的士兵们用长梯英勇地攀上城墙，但因城墙太高，马其顿军的长矛又长，许多士兵还未爬上墙顶，就被刺死了。

经过几天的奋战，斯皮塔米尼斯的部队进攻马拉坎达严重受阻。马其顿士兵坚守城池，牢不可破。

正在僵持之时，斯皮塔米尼斯听说亚历山大派了一支3000人的队伍前来支援马拉坎达。形势变得严峻起来。斯皮塔米尼斯当即决定，马上将攻城部队撤下，假装撤离，但其实他是将主力部队转移到马其顿援军的必经之路上，在一片沙漠平地设下埋伏，专门等马其顿的援军来到后，攻击援军。

斯皮塔米尼斯的行为得到了当地居民的积极支持，不少当地青年都主动要求参战，当地居民还为他提供充足的给养。这让斯皮塔米尼斯打败马其顿军的信心更大了。

他将部队在预定的地形摆好阵势后，不再消极地等待敌人前来攻打，而是一看到马其顿援军过来，就快马加鞭，围着马其顿军的方阵绕圈子，还不停地向他们射箭，后来干脆将他们紧紧地围困起来。

斯皮塔米尼斯虽然将马其顿军围困起来，却不攻击他们，而是这样围困了马其顿军四天，让马其顿军饥饿难忍，军心动摇。

直到第四天拂晓，斯皮塔米尼斯觉得时机已到，遂下令向这支马其顿增援军发起总攻。顷刻之间，马其顿军就被杀得人仰马翻。最终，3000名马其顿军全军覆没，无一幸存。

　　这场战斗刚结束，斯皮塔米尼斯马上又率领主力部队重重包围了马拉坎达。马拉坎达再一次陷入危急之中。

　　这消息令亚历山大震惊不已。他担心后方遭到更加严重的失败，因此立即暂停远征，自己率领主力部队前往马拉坎达。

　　得知亚历山大主力逼近，斯皮塔米尼斯为保存实力，立即率部撤向荒凉的土耳其斯坦北部，准备在那里与亚历山大作战。

　　然而，斯皮塔米尼斯的部队在听说亚历山大率领主力部队前来后，被吓得纷纷要求投降。而"伊朗独立的伟大英雄"斯皮塔米尼斯，也遭到了与大流士三世同样的命运。为表示诚意，斯皮塔米尼斯的军队在投降的同时，还向亚历山大献上了斯皮塔米尼斯的脑袋。

　　斯皮塔米尼斯领导的反抗亚历山大征服的斗争失败了，但却有力地打击了亚历山大的统治，使亚历山大的远征计划推迟了近两年之久。

第十六章　向印度进军

你们具有与生俱来的力量，它来自于你们的心灵。

——亚历山大大帝

（一）

公元前328年冬天，亚历山大与他的部队在塔塔卡作了一次短暂的休整。此时，亚历山大所占领的只有索格狄亚那的平原。在索格狄亚那的其他地区，还有奥科亚特斯等四个部落首领占据着一些险要的山脉，准备与亚历山大抵抗到底。

公元前327年春，亚历山大率部向索格狄亚那山区进军，准备彻底击溃奥科亚特斯等几个部落。

奥科亚特斯等部落驻扎的地方，是一个由天然巨石构成的堡垒，突起于山谷之中。这个名为粟特岩山的据点，地处今塔吉克地区，两旁都是悬崖峭壁，易守难攻，被认为是极其难以攻打的。

奥科亚特斯对自己的这个驻扎地感到很有信心，且早已在那里备好了大批的粮草，还将自己的妻子和女儿罗克塞妮都接到这里，准备在这里长期顽抗。

亚历山大不顾严冬，不顾筋疲力尽的士兵们的怨声载道，下决心一定要扫平整个索格狄亚那地区。这一次出征，他率兵准备围攻粟特岩山，就有2000多名士兵在途中被冻死。

当亚历山大的部队到达粟特岩山时，发现这里山高坡陡，怪石嶙峋，积雪很深，确实难以攻克。于是，亚历山大就先叫他们派代表下来谈判，并呼吁他们主动投降。

当奥科亚特斯和他的军队听说亚历山大要他们投降时，纷纷狂笑着说：

"除非你有长着翅膀的天兵天将，否则就休想占领我们的阵地！我们只怕长有翅膀的天兵天将，绝对不怕你们这些凡人！"

对于这种挑衅，亚历山大是难以忍受的。他立刻集合兵力，征求登山好手，并提供12塔兰特（约合两万美元）的奖金给第一个爬上山顶的人，11塔兰特给第二个爬上山顶的人，以此类推。

由于马其顿是个山城，所以攀登陡峭的岩石对马其顿士兵来说并不是一件难事。重赏之下，必有勇夫。亚历山大很快就凑集了300名自愿冒险，意图秘密夜袭登上粟特岩山的好汉。

随后，这300名士兵带上原来固定帐篷的绳索和铁栓，预先将绳索牢固地系在铁栓上，趁着夜色出发了。

到了险要坡段，他们将绳栓找好地方定位，开始向悬崖上攀登。在攀登过程中，有30人坠崖身亡，但在绳索和系帐篷用的铁栓的帮助下，其余人在次日凌晨安然登上堡垒上方的山顶，并按照亚历山大的预先指示，开始挥动马其顿的军旗，向亚历山大示意。

亚历山大一看崖顶上挥动的马其顿军旗，立即派人到奥科亚特斯阵前喊话，告诉他，如果他想看到天兵天将，只需抬头望向自己的山顶。

看到崖顶上挥动着马其顿军旗的士兵后，奥科亚特斯大惊失色，以为亚历山大的大军已经遍布山顶，彻底断掉了他们的退路。

在这种情况下，奥科亚特斯只好下令将进山的入口打开，让亚历山大的部队鱼贯而入。亚历山大占领堡垒后，再一次缴获了无数战利品。

征服粟特岩山是一项重大的成就，又为亚历山大所向无敌的传奇凭添了一段佳话。此外，这次胜利还引发了另一件意想不到的好事。

战役结束后，奥科亚特斯的女儿罗克塞妮也成为了亚历山大的战利品。士兵们都说，除了大流士三世的妻子之外，罗克塞妮算是他们在亚细亚所见过的最漂亮的女人了。亚历山大对罗克塞妮一见钟情。这是这位洁身自爱而雄心勃勃的年轻国王第一次有了这种体验。

几天后，亚历山大就选择以传统的巴克特里亚仪式与罗克塞妮举行了婚礼，而不是仅将她当成俘虏看待。当然，他也考量到这样做的政治利益。一个有势力的巴克特里亚岳父，对于调解外族入侵而起来反抗的各部落族人来说，应该是大有助益的。

婚后不久，亚历山大又率领大军，启程远征印度。

（二）

对于当时的希腊人来说，印度是个充满神秘色彩的国度，是东方最遥远的地方。至于中国，亚历山大简直是闻所未闻。

亚历山大对印度的了解，也仅限于其西北部的印度河流域，而且多是一些荒诞不实的传闻；对印度东部的恒河流域则一无所知。因此，亚历山大对印度的远征，简直就是上古时代的一次"地理大发现"。

在公元前6世纪爱奥尼亚人所绘制的地图上，地中海是地球的中心，四周都被陆地所环绕，陆地外则环绕着所谓的"大洋河"，欧洲在北部，亚洲的东部，非洲在南部。埃及的尼罗河，是当时希腊人所了解的南边最大的河流，印度河只是尼罗河的上游。

公元前5世纪，希腊史学家希罗多德虽然将尼罗河和印度河混淆起来，但他了解的印度也只是印度河上游的五河地区。该河以东，则

125

是广阔的沙漠地带，印度人则是所有亚细亚民族中住在最东边、距离太阳最近的人。

印度人还十分富有，有很多黄金。这些黄金都是印度人骑着骆驼从沙漠中采集来的。沙漠之中有一种比狗小、比狐狸大的巨蚁，它们从蚁穴中挖出金沙。在中午最热的时候，印度人就会到沙漠中去偷金沙，因为这个时候巨蚁都躲到地下深穴中去了。印度人就用这些偷来的金子向波斯人纳贡。

类似这样的荒诞传说还有不少，但多少也有些是真实的。比如，希罗多德说：印度有一种长在野生树木上的毛，印度人就用这些毛织成衣服来穿。这种"毛"显然就是指棉花，而印度也是世界上最古老的产棉区之一。

所有这些，就是亚历山大在入侵印度之前，希腊人所了解的印度的情况。

早在公元前6世纪的后期，波斯王大流士一世曾征服了印度的西北地区，包括帕罗帕尼苏斯山（兴都库什山）、犍陀罗、信德和旁遮普（五河）的部分地区，并将这些地区辟为印度的行省。

传说，大流士一世曾派遣他的海军大将顺着印度河驶入东面的大海（印度河其实向西流入阿拉伯湾），再从海上西行至埃及。波斯使用的阿拉米亚字母和压印的银币也传入了印度。

然而，当亚历山大东征印度时，印度西北部地区早已摆脱了波斯帝国的统治。亚历山大以波斯帝国的继承者自居，也就将收复帝国的疆土——印度，作为了他东征的最后一个目标。对希腊人来说，亚洲就是波斯帝国，征服印度，也就意味着征服了整个亚洲。

公元前6世纪至前4世纪，是印度史上的列国时代，也是群雄割据、互争雄长的年代。据记载，这一时期的印度共有16个大国，分布在印度河和恒河流域。而东部的恒河已经逐渐取代西北的印度河流域，成为印度的政治、经济和文化中心。

经过长时间的角逐，在亚历山大远征印度的前夕，摩羯陀王国的难陀王朝已经歼灭群雄，统一了恒河地区。印度河上游已经摆脱了波斯统治，但仍处于分裂的状态。这一地区较有势力的小国包括犍陀罗和伯鲁斯等。各国互相争斗，彼此敌视，不能团结在一起共同抵御外敌，这也成为亚历山大入侵印度的一个有利条件。

（三）

公元前327年6月，亚历山大率军再次越过兴都库什山，回到一年多以前他所兴建的亚历山大城。部队在这里停留了一个夏天，因为这个时候进攻印度并不合适。

在这里，亚历山大对部队再次进行了整顿改组。他决定，将希腊军队中的大部分士兵都留在巴克特里亚，另一部分留在索格狄亚那驻守后方；将巴克特里亚和索格地亚那等地的骑兵编入皇家重骑兵，使其由原来的2000人增至5000人；吸收部分波斯兵，使方阵兵由原来的6000人增至1万人。此外，他还适当地增加了弓箭手部队。到东征印度出发前，亚历山大积聚的精锐部队总兵力已经达到3.5万人。

在考虑陆地作战计划的同时，亚历山大对海上作战计划也没有忽视。为适应到达印度后对舰队的需求，公元前328年秋，当亚历山大在巴克特里亚时，就曾命令埃及总督和腓尼基总督为马其顿征集舰船工匠和水手，准备东渡亚洲，配合马其顿军队陆上作战。

此外，亚历山大还预先指定了一位舰队总司令，预计需由他率领舰队官兵等约10万人，届时挺进印度，援助作战。

除了组织调整军队和计划安排外，亚历山大还积极争取一些印度人与他合作。早在巴克特里亚时，亚历山大就已通过一名印度官员得知，自从波斯帝国灭亡后，在印度的旁遮普等地区，有一半地区都被独立种族所拥立的领袖把持，另一半地区则由各邦的首领专制。其中势力最大的统治者是太克西利斯。他的领地范围在印度西北部的吉拉姆河一带，但他的儿子具有亲马其顿方的倾向。

亚历山大得到这个消息后，立即派人去联系太克西利斯父子，希望争取他们对自己东征印度的支持。出于私利，同时也迫于马其顿方面的压力，太克西利斯父子答应了亚历山大的要求，表示待亚历山大大军到达时，他们保证会全力协助。

11月，亚历山大见一切准备就绪，遂将远征军分为两路。自己率领一路沿着柯芬河北岸的丘陵地带向东挺进；另一路则由大将赫淮斯提昂率领，沿着柯芬河南岸先期赶赴印度河，为后续的主力部队搭建浮桥。

尽管太克西利斯已经答应与马其顿结盟，支援马其顿进军印度，但喀布尔以北的山区仍为蛮族占领着。如果不提前将这些蛮族彻底肃清，马其顿大军日后到印度河平原作战时，就必然会受到他们对其翼侧的严重威胁。

因此，亚历山大首先率领自己的主力部队深入雪山，准备去征服那些企图顽抗的山区满族部落。

亚历山大在山区同这些蛮族部落进行了9个多月的苦战。由于蛮族彪悍，作战勇猛，致使亚历山大每占领一地，都要付出沉重的代价，将领官兵死伤多数。

当亚历山大率部逼近巴沙时，得知巴沙是个位于海拔2000多米的山顶平原，地势十分险要。正是凭借这份天险，使得巴沙易守难攻。

于是，亚历山大先派托勒密率领一部分兵力，沿着一条崎岖的山间小路直扑向山顶平原。托勒密在到达山顶平原后，立即在山顶插上马其顿军旗，表示他已经完成任务。

第二天拂晓，亚历山大看到山顶上迎风飘荡的马其顿军旗，立即率领主力沿大路蜂拥而上。经过多次冲击，马其顿军终于冲向山顶平原，与托勒密会合。守敌见势不妙，仓惶退守巴沙石垒。

巴沙石垒两侧有陡峭的巨石，将其与平原隔开。据说，这里连鸟都飞不到，因此也有"无鸟之石"的称号。相传，古代著名英雄赫丘力士袭击该地时，也未能成功。由此可见此地地势的险峻程度。

但亚历山大不相信这些，下令向巴沙石垒发起强攻。由于石垒侧石又高又陡，无法攀登；加上距离较远，弓箭手和擂石兵也无法发挥作用，猛攻多时也毫无效果。亚历山大见状，又下令让每个士兵割100根木桩，放在石垒的下面，然后堆上泥土，修筑土墩。经过士兵四个昼夜的苦战，终于修筑起一个几乎与石垒等高的土墩。利用这个土墩，亚历山大指挥部队使用各种兵器向石垒中的守敌发起射击。

这一招果然管用。守敌被射中者无数，生还者也狼狈逃命。亚历山大终于占领了这个连神仙都无计可施的"无鸟之石"，这也是亚历山大在这一地区取得的最大的一次胜利。

（四）

公元前326年春，亚历山大率领部队跨越柯芬河，与提前到达那里的赫淮斯提昂及博迪卡斯会合。这时，他们两人已经在印度河上组建了一支舰队，并在河面上架起了一座桥梁。亚历山大稍事休整，便利用这座桥梁，率领3万大军浩浩荡荡地渡过水面宽阔、水流湍急的印度河，进抵到坐落于印度河东岸和希达斯皮斯河之间的犍陀罗首都呾叉始罗城。

犍陀罗是个繁荣富有的雅利安人国家。亚历山大在呾叉始罗受到了热烈的欢迎，国王阿姆比亲率国内大小王公出门朝觐亚历山大；附近山区的部族也纷纷派使团觐见，表示效忠。

129

在这里，马其顿军队得到了充足的补给。当然，对于愿意归顺的这些部族，亚历山大也满足了他们多方面的请求，还任命了地方总督，接着又履行祭神典礼，举办体育竞技活动等。

不过，在该地区的一些总督中，有一个人始终拒绝应邀参加亚历山大举行的庆祝活动。这个人就是希达斯皮斯河以东160千米处的伯鲁斯。

在犍陀罗的一切安排就绪后，亚历山大留下部队中的伤员及部分驻军在呾叉始罗，随后率军向希达斯皮斯河行进，准备征讨伯鲁斯。

伯鲁斯是一个强大王国的统治者。他体格强壮，英勇无畏，非常倔强，既不愿参加亚历山大举行的庆祝活动，也不愿与亚历山大接触。在亚历山大到来之前，他雄心勃勃，想要独霸印度西北部的大片土地。

如今，面对亚历山大的到来，他自恃拥有强大的部队和200头战象，企图与其对抗，甚至想赶走亚历山大率领的马其顿军队。因此，当太克西利斯邀请他一起去参加亚历山大的庆祝会时，他断然回答说：

"我不会同外人在会场上周旋，我要同他们在战场上相见。"

当亚历山大到达希达斯皮斯河对岸时，伯鲁斯及其同盟者的军队已经严阵以待，准备阻止亚历山大渡河。

亚历山大得到消息后，立即命令拆除印度河上的船桥，将船只装载在大车上，运到希达斯皮斯河，然后迅速组织起一支舰队。他还将部队分成几个部分，让他们在河边来回移动，以迷惑伯鲁斯，使对方难以判定马其顿人的准确渡河地点。同时，亚历山大还命人尽快侦察到最有利的渡河地点。

马其顿舰队也在河里不停地航行着，这给伯鲁斯造成了很大的军事压力，让他无法集中兵力进行阻击。当时正值盛夏，喜马拉雅山积雪已经融化，河水水位高涨。伯鲁斯见对岸马其顿军的粮草物资又源源不断地运来，就产生了一个错觉，认为亚历山大是准备在对岸长期驻扎，等冬季水位降低后再渡河。

此时的亚历山大，虽然没有在公开场合表示自己是否急于渡河，但却一直在窥伺时机，寻找最为适当的强渡地点。为了麻痹对方，他还常常虚张声势地摆出一副渡河的架势，搞得伯鲁斯精神紧张，寝食难安。对岸稍微发出一点喧闹声，他就急忙领兵前往堵截，结果总是空忙一场。

久而久之，伯鲁斯的警惕性逐渐松懈下来。对岸有动静时，他也索性不去理会，只派些探子去侦察。

亚历山大见状，知道麻痹敌人的目的已经达到，于是选定上游一处最佳的渡河地点。这里是西岸伸向水中的一个岬角，河流在这里绕了个湾。岬角上林木茂盛，便于隐藏。岬角的对面还有一座岛屿，上面也都是古木繁茂。亚历山大故意避开伯鲁斯助手的主力阵地，选择了这样一处远离敌人主阵地的隐蔽地方作为突破口。

随后，亚历山大决定亲自指挥部队在岬角强渡，让大将克拉特鲁斯率领部分兵力留守大营，以迷惑对岸伯鲁斯军的主力。而且一旦岬角强渡成功，伯鲁斯率兵前往增援，造成对岸敌营空虚，克拉特鲁斯就会从正面渡河进攻。

部署完毕后，这天夜里，正好赶上暴雨倾盆，雷声阵阵，武器的碰撞声和传达命令的喧闹声都在雷雨声被淹没，从而掩护了亚历山大的偷渡企图。

（五）

破晓前，风息雨止，马其顿骑兵乘皮筏，步兵乘船，迅速向对岸驶来。当船只和皮筏绕过岛屿，马上就要冲到对岸时，才被伯鲁斯的士兵发现。他们立即一面飞奔向伯鲁斯告急，一面展开队形迎战。

亚历山大率部登上河岸，与伯鲁斯儿子指挥的2000名士兵相遇，双方展开激战。很快，伯鲁斯的儿子的部队几乎就被全歼，他本人也当场战死。不过，亚历山大最喜爱的坐骑也被敌人用长矛刺死了。

此时，伯鲁斯深知情况危急，立即率领主力，其中包括骑兵4000人、轮刀战车300辆、战象200头，以及精锐步兵3万人，离开原阵地，前来应战亚历山大。

两军在一块长约6千米的开阔地面上相遇，随即展开激战。亚历山大将骑兵都集中在右翼，由他亲自指挥；方阵兵位居中央，用于将敌人骑兵打垮之后投入战斗；轻装步兵则部署在左翼。

伯鲁斯见亚历山大如此部署，立即将其骑兵全部从右翼集中到左翼去对付亚历山大。然而，亚历山大马上又命令科纳斯率领部分骑兵从后面攻向敌军的右翼，以诱使敌人骑兵回头去迎击科纳斯。

伯鲁斯果然中计，大部分骑兵都回到右翼去迎战科纳斯。可是，科纳斯又马上兜了个圈子，直扑向敌人的后方。

顿时，伯鲁斯的部队面临马其顿骑兵的前后夹击，阵势大乱。亚历山大与科纳斯趁势向敌军发起猛攻，敌军战象纷纷被刺伤，痛得四处狂奔，踩死踩伤双方人员无数。伯鲁斯陷入重重围困之中。

与此同时，副统帅克拉特拉斯也已率骑兵渡过河流，勇猛地追杀敌军，敌军四散奔逃，死伤不计其数。

这场战役一共进行了8个多小时，伯鲁斯方损失步兵2万人、骑兵3000人、轮刀战车300辆、战象200头。伯鲁斯的两个儿子及一些重要官员也都战死沙场。而马其顿军队只损失了步兵500人和骑兵300人。

伯鲁斯见大势已去，才不得不撤离战场。但他并没有主动祈求投降，而是被一队马其顿勇士围住后，见实在无力回天，才被迫表示投降。

当马其顿士兵将伯鲁斯带到亚历山大面前时，伯鲁斯依然横眉冷对，面无惧色。亚历山大对伯鲁斯的气概颇为敬佩，就问他道：

"你希望我如何对待你？你想要享受什么待遇？"

伯鲁斯断然回答说：

"我要你像对待一个国王一样对待我。我要享受一个国王应该享受的待遇。"

亚历山大又问：

"你还有其他要求吗？"

伯鲁斯又回答说：

"我的所有要求都包括的这里面了。"

亚历山大深为伯鲁斯的气魄和勇气所触动，不禁对他肃然起敬，立即让他恢复原有的王位。而伯鲁斯也以德报德，此后一直忠诚于亚历山大，尽其藩臣的义务。

这次希达斯皮斯战役是亚历山大在远征途中的第四次重大战役，也是他的最后一次具有决定性意义的大规模战役。这次战役结束后，亚历山大让太克西利斯和伯鲁斯都成为独立的印度藩土，并结成以他为宗主国的联盟。这标志着亚历山大帝国的范围已经牢牢地向东延伸到了印度河流域。

为了纪念这次战役，亚历山大还在希达斯皮斯河两岸距战场不远的地方分别兴建了两座城池。其中，东岸的城池命名为尼赛亚城，希腊语为"胜利之城"；西岸的城池命名为布斯法鲁斯城，是以他那匹在此次战斗上牺牲的战马的名字命名的。

在凯旋还乡的途中，亚历山大病倒了。据说在临终前，他对将士们说出了自己的三个遗愿。第一，他的棺材必须由他的医师独自运回去；第二，当他的棺材运向坟墓时，通往墓园的道路要撒满他宝库中的金银、宝石；最后一个遗愿，是要将他的双手放在棺材外面。他说："我是想要世人明白我刚刚学到的三个教训。我让医生运我的棺材，是要人们明白，医生不可能真正治疗人类的任何疾病，面对死亡他们也无能为力，因此希望人们能够懂得珍爱生命；第二个遗愿是要告诉人们，不要像我一样追求金钱，我用尽一生去追求财富，但很多时候都是在浪费时间；第三个遗愿是希望人们明白，我是空着手来到这个世界的，现在还要空着手离开这个世界。"

第十七章　决定班师回国

　　一个男人能取得的最高荣誉，乃是为敢作敢为而生，为保家卫国而死。

　　　　　　　　　　　　　　——亚历山大大帝

（一）

　　战役结束后，亚历山大在希达斯皮斯河岸的两座新建城市中稍事休整了一段时间，随后又继续领兵北上，征服了克什米尔地区，然后又向东越过阿克西尼斯河，攻打伯鲁斯的侄子小伯鲁斯。

　　伯鲁斯叔侄一向不和，在希达斯皮斯战役爆发前，小伯鲁斯曾派使者朝见亚历山大，表示归顺。但获悉亚历山大赦免了老伯鲁斯，并扩大他的王国领土后，小伯鲁斯就叛离了亚历山大。

　　亚历山大率兵追击向东逃遁的小伯鲁斯，一直追到许德拉奥提斯河西岸。在击溃小伯鲁斯后，亚历山大将小伯鲁斯的地盘交给老伯鲁斯治理，自己则渡过许德拉奥提斯河，攻打河对面桀骜不驯的卡塞亚人。老伯鲁斯也带着5000名士兵和一些战象支援亚历山大。

　　经过激战，亚历山大征服了卡塞亚人，占领了其首府桑加拉城。这时，亚历山大的兵锋已经抵达谢法西斯河，这是五河当中最东边的一条河流。侦察兵来报告，称这条河的东岸是一个富庶之邦，有很多的大象。

这个情报刺激了亚历山大的胃口。他驻足河西，遥望东方的无边沃土，野心似乎更大了。他准备向恒河流域——一个前所未闻的神话般富庶国度挺进；他要将自己王国的疆域一直推进到东方的大洋，那里是大地的尽头。

然而此时，马其顿军队中的官兵普遍认为，亚历山大带领他们进行远征，"只不过是一个苦差事紧接着另一个苦差事，冒完一次险又冒另一次险"。官兵们早已厌倦了这种生活，他们怨声载道，叫苦连天。有人甚至公然声称，就算亚历山大要用绳子绑着他们去，他们也不再跟亚历山大继续进行这无休止的远征了。他们坚决要回家。

亚历山大见部队的不满情绪越来越强烈，为了提高士气，就召开军事会议，意图通过发表演说打动他们，争取到他们的支持。他说：

"同胞们，战友们，我发现你们已经失去了往日的热情，不愿再跟我一起面对危险。我召集你们来，就是想说服你们继续前进；不然就是被你们说服，半途而废。"

接着，他历数了军队八年东征所取得的赫赫战果，指出东征的最终目标就是东临大海，洗马恒河，这个目标如今已经近在咫尺。他不理解将士们为何在此最后关头丧失了勇气，以致功亏一篑。

他还警告部下，如果东征功败垂成，就不能巩固现在已经征服的大片土地，以往的胜利果实也将付之东流。

"同胞们，战友们，大家要坚持到底！只有不怕艰苦，敢于冒险的人，才能完成光辉的业绩。生时勇往直前，死后流芳千古，这才是我们毕生所追求的目标。"

他还向官兵们夸耀印度是如何的富庶，有无数的珍珠、黄金、象牙、宝石正等待他们去拿。只要他们愿意出战，将来想要多少就可以带回去多少。

在往常，亚历山大的这套雄辩肯定会感动部下，让他们心潮澎湃，从而义无反顾地跟随他一起去冒险，去征服更多的土地。但这次不灵了，就算亚历山大以物质的诱惑来提高士气，他们也不想再跟随国王去冒险、去发财、去送命了。他们只想回家，越快越好。

不过，大家都不敢当面反驳国王，只好以沉默来表达不满，一时间出现了可怕的冷场。这时，大将科纳斯鼓起勇气，说了这样一段话：

"陛下，我们离开家乡，一路艰苦征战，创造了很多伟大的业绩，但辛劳和艰险总要有个尽头。您曾让失去战斗热情的色萨利志愿兵回家，这是明智之举。其余人追随您继续征战，或战死沙场，或负伤致残，或死于疾病，或驻留在您新建的城市中。当年浩浩荡荡的一支大军，如今已所剩不多。而剩下的这些人，体力也大不如前。他们每个人都思念自己的亲人，渴望带着您恩赐的财宝衣锦还乡，这是人之常情。既然部队无心再战，您就不要勉强他们了。士兵们一旦失去自觉自愿的精神，面对艰险就会畏缩不前，这是很危险的。陛下，假如有一件事是成功者必须知道的，那就是何时应该适可而止。"

科纳斯将军刚一说完，士兵们便发出一片喝彩声，许多人甚至流下了激动的泪水。

亚历山大见将士们都产生了严重的抵触情绪，只好宣布解散，自己回到营帐中生闷气。次日，亚历山大再次召集官兵，怒气冲冲地宣布，自己不会改变决心，但也不会勉强任何人，谁想回家尽管回去，回去的人可以告诉乡亲们，他们抛弃了自己的国王。

说完，亚历山大又返回营帐，整天不见人。他连续等了好几天，期待部下能够回心转意，愿意与他一起再度进军，到达印度洋，完成世界最高的荣誉。

然而，整个军营都死一般沉寂。看来，官兵们是铁了心，决心抗争到底了。亚历山大还想坚持。为寻找台阶，他咨询了他的预言家们，预兆结果显示，马其顿军并不利于渡河。

亚历山大见无可挽回，只好痛苦地接受了这个事实，宣布班师回国。

（二）

公元前326年7月，亚历山大被迫放弃了继续东征的计划，宣布班师回国。这一消息宣布后，全军上下无不欣喜若狂。

但是，这其中谁也不知道他们在漫漫归途中将会遇到哪些艰险，谁也不曾料到在他们的归途中竟然会激战不已，伤亡惨重，甚至几乎全军覆没。

当亚历山大率军返回希达斯皮斯河时，这里正在按照他原定的计划兴建两座新城，到处都是一片热闹的景象。

然而不幸的是，就在这时，亚历山大最依赖的伙友之一，力劝亚历山大班师回国的科纳斯因病去世了，未能亲眼看到马其顿大军回到祖国。亚历山大为他举行了隆重的葬礼，全军上下一片悲戚。

同年11月，亚历山大率军启程，沿着希达斯皮斯河南返。大军分三路行进，第一路由副统帅克拉特拉斯率领步兵和骑兵各一部，沿希达斯皮斯河右岸行进；第二路由骑兵指挥官赫淮斯提昂率领主力，包括200头战象，沿着希达斯皮斯河左岸行进；第三路由亚历山大与托勒密、塞琉古等人，率领近卫军、弓箭手部队、阿格瑞安部队和骑兵特别中队，乘河顺河而下。

部队宣布出发时，号角齐鸣，人欢马叫，一片热闹景象。行军的阵容也极其壮观，船只首尾相接，蜿蜒数里，旌旗招展，鼓声与船夫的呼号声直冲云霄。尽管前途未卜，归路艰难，但毕竟有了希望，因而部队士气高涨。

在四周围观的印度人也激动异常。面对异国军队的庞大阵容，他们唱起了歌，跳起了舞，直至舰队消失在印度河滚滚的清波之中。

船队且行且止，沿途不仅接受了一些印度部族的归降，还不时地与不驯服的土著打上一仗。

在航行的第五天，当亚历山大的船队航行到希达斯皮斯河与阿塞西尼斯河汇流处时，遇到了一条十分狭窄的水道。这里水道变窄，流速大增，水流湍急，形成了很多大漩涡，发出震耳欲聋的轰鸣声。桨手们一时吓得手足无措，几乎对船失去了控制。

在激流中，小船被冲得团团转；大船旋转不灵，船斜桨崩，受损严重；还有两条船撞在了一起，以致船毁人亡。

船队好不容易才闯过险关，河道渐宽，水流减缓，有一个岬角突入中流。亚历山大下令抛锚，打捞损伤的破船，抢救受伤的水手，修补破损的船只。

稍事休整后，马其顿船队又分批次扬帆起航，沿着这条河汇流后的新河继续航行。

不久，船队又驶入一片陌生的流域，两岸居住着好战的马利亚人。他们是五河地区一支独立的土著部落，勇敢剽悍，不愿归顺亚历山大。于是，亚历山大决定要给这些土著人一点颜色看看，于是领兵穿越一片干旱地带，出其不意地进入马利亚人居住的地区。

马利亚人没想到亚历山大进军如此神速，让他们猝不及防。马其顿人屡屡发动奇袭，接连攻下数座城镇。马利亚人虽拼死抵抗，但都不能抵挡马其顿大军势如破竹的强大压力。马其顿人所到之处，马利亚人或被彻底歼灭，或狼狈逃窜。

马利亚人的城镇相继失陷，大批逃难者拥向希达斯皮斯河，争渡逃生。亚历山大率军追到河边截击，又渡河追杀。土著人血染江河，死伤无数。

最后，亚历山大将马利亚人驱赶到一座设防城市之中，并将该城团团围住。当时天色已晚，亚历山大只好下令环城扎营，待天明后再攻城。

（三）

第二天，攻城正式开始了。马其顿士兵迅速攻入外城，马利亚人只好退守卫城要塞。亚历山大见围攻要塞的准备工作进展缓慢，担心失去战机，便从一个士兵手中夺过扶梯，搭在城墙上，带头向上冲击。

亚历山大爬到城垛口，将前来阻拦的几个敌人砍下城去，又挥剑砍倒几个。马其顿士兵见国王径自爬上城楼，担心国王的安危，都争先恐后地向梯子上爬，结果将梯子压折，全部都摔了下来。

梯子折了，城下的人爬不上去，马其顿人眼见国王立在城头，面对众多敌人的围攻，身边只有三个人护卫，真是心急如焚。

马利亚人见城头上来一位器宇轩昂、英武异常的青年，银盔银甲在阳光下闪闪发光，料定这必然是一位重要人物。但他们却不敢接近他，只好远远地围着他射箭。三位卫士手执盾牌全力掩护着他。

亚历山大身处绝境，孤立少援，跳城逃生是唯一的退路，但他绝不会那么做的。他将名誉看得比生命更重要，与其那样死去，不如拼死一搏，死也要死得轰轰烈烈。

这时，几个大胆一些的土著人围上前来攻击亚历山大，都被亚历山大砍倒了，其中还砍倒了一位首领。其他马利亚人仍旧围着他射箭，投掷东西。忽然，一支箭射中了三位卫士中的一位，卫士倒地身亡。亚历山大的胸部也被射中了一箭，箭头穿过他的护心甲，扎入肺部，顿时鲜血直淌。

但亚历山大仍坚持战斗，不断砍杀攻击过来的马利亚人。最后终因流血过多，体力耗尽而倒在城头。两名忠诚的卫士仍然拼死保护着倒地的国王，用盾牌和自己的身体抵挡着如雨一般飞来的箭矢。

就在这危急的时刻，马其顿人砸断了一座城门的门闩，撞开城门，一拥而入。于是，一场可怕的大屠杀开始了。马其顿人为给国王报仇，将要塞中的马利亚人，不分男女老幼，全部斩杀。卫城中血流成河，惨烈异常。

亚历山大伤势严重，生命危在旦夕。当时没有外科医生，大将博迪卡斯奉国王之命，用军刀割开他的伤口，拔出箭矢。亚历山大流了很多血，再次晕死过去，但血最终还是止住了。亚历山大大难不死，竟然奇迹般地活了过来。

在养伤时，马其顿军中传出国王伤重致死的消息，全军一片惶恐，深怕再也没有人能够带领他们返回马其顿了。一时间，官兵悲痛欲绝，泣不成声。

为了安抚军心，当体力稍稍恢复后，亚历山大就强忍伤痛骑马出现在军营之中。当国王出现在全体官兵们面前时，这些人几乎不敢相信，紧接着便是一片欢呼之声。大家情不自禁地留下泪水，高举双手感谢神灵，欢呼雀跃之声响彻附近的河岸山谷。

面对这热烈感人的场面，亚历山大第一次体味到了一种真挚的情感。这里有士兵对统帅的爱戴，有臣子对国王的敬重，有战友对战友的亲情。而这后一种感情是最真挚、最平等的。此时的亚历山大，看起来不像是一个高高在上的君王，而是一个让士兵们肃然起敬、身先士卒的统帅，一个与他们并肩作战、同甘共苦的战友，一个真正的马其顿战士。

此后，亚历山大又乘船继续沿着希达斯皮斯河顺流而下。到达希达斯皮斯河汇入印度河的地方，亚历山大又下令在这里建一座亚历山大城。该城落成后，亚历山大命令克拉特拉斯率领一部分兵力，取道穆拉山口和马拉坎达，直趋卡曼尼亚地区帕萨加代，而他自己则率部队沿河南下。

在亚历山大去世3个世纪后，当古罗马将军、伟大的征服者凯撒来到亚历山大城时，久久地站立在亚历山大的水晶棺前，凝望着这位曾经叱咤风云的征服者，一言不发。当古埃及女王克里奥佩特拉奇怪地问凯撒为什么长时间望着亚历山大却不说话时，这位同样光芒四射、威名赫赫的古罗马第一执政官感慨地说："我一生中最敬佩的人，就是眼前这位亚历山大大帝。他在25岁时就已经征服了全世界。而我，永远也比不上他！"

第十八章　艰难的回归

男人的伟大就在于不断地扩充疆土，不断地增加权力，尽情地享受美味佳肴。

——亚历山大大帝

（一）

公元前325年7月，亚历山大率部抵达印度河三角洲的帕塔拉后，为探寻印度通往巴比伦的海道，决定亲自率领1.5万人沿海岸向西先行，并让尼阿卡斯率领舰船150艘和水兵5000名随后沿海西行。

然而，亚历山大在9月率部出发后，尼阿卡斯的舰队因季风的影响，比预定计划晚了几周才出发。亚历山大所部在西行之初，还能为尼阿卡斯的舰队沿海挖井，存储粮食，但当他们进入加德罗西业的荒芜地区后，他自己率领的部队已经因给养困难而陷入绝境，处境十分艰难。

在越过多莫罗斯河，进抵泰罗山脉时，因群山阻隔，渺无人烟。亚历山大本来打算沿着海岸行走，但侦察的骑兵回来报告说，加德罗西亚海岸十分荒凉，淡水匮乏，只有少数打鱼为生的土著，生活极其原始。

亚历山大无奈，只好率领队伍离开海岸线，向内地行进320千米。

队伍所过之处，环境十分恶劣，不仅食物、水源奇缺，头上还有似火的骄阳，脚下是滚烫的沙土。大家都忍受着饥渴、酷热和劳累，体力和耐力日渐削弱，心情也越烦躁不宁。

为避免白天行军的炎热和干渴，部队只要夜行。重负的骡马耐不住饥渴劳累，纷纷倒下，或陷入泥沙，无力挣脱。在快速行军中，一些身体极度虚弱的士兵掉队了，可谁也顾不上他们。

就是在这样恶劣的条件下，亚历山大的部队艰难地跋涉着。一时间，士气低落，军纪败坏。当战士们饥渴难忍时，就将拖运物资的牲口杀掉，吃肉喝血，并谎称牲口是累死渴死的。对此，亚历山大早已洞察在心，但佯装不知，不忍心说破，这总比公开纵容要好些。

在这极端艰苦的日子里，亚历山大表现出了领袖人物非凡的人格力量和卓越品格。为了与士兵们同甘共苦，他不顾饥渴劳累，弃马步行。士兵们在途中发现了一个小得可怜的水坑，费力淘了一点水出来，装在头盔中，飞跑着献给国王。而亚历山大接过头盔，向送水的士兵表示感谢，然后当着全军的面，将那仅有的一点水泼在地上。这个小小的举动震动了全军，大家仿佛都喝到了那一点水一样，甘甜在心。

一天，烈日当空，部队仍然艰难地行进着，可向导因为过于劳累迷路了。亚历山大没办法，只好自己骑上马到前面去找寻返回海岸的道路。

走出没多远，亚历山大就欣喜地发现自己到了海滨，并在那里发现了一处甘泉。再往前走，便是一片大海。部队接到报信后，马上开了过来。他们沿着海岸走了7天，沿途都有水喝。

然而祸不单行，一场更大的灾难又降临到这支疲惫不堪的队伍上。加德罗西亚南部山区因受季风影响，云雨无常，暴雨常常引来山洪暴发。这天，士兵们正在一条小溪边的干涸地带宿营。入夜，山洪突然袭来，小溪水位暴涨。睡梦之中的士兵猝不及防，乱成一团。军用物资、帐篷、马匹等，多被洪水卷走，一些随军的家属也有不少被洪水冲走。洪水过后，将士们除了手中的武器，物品几乎所剩无几。

经过60多天的艰难跋涉，马其顿军终于到达了加德罗西亚的要镇宝拉。这段路程是万里东征途中最艰难困苦的一段历程，也是古代行军史上的一个奇迹。

（二）

在宝拉休整了一段时间后，亚历山大又率领部队向卡曼尼亚行进。当到达卡曼尼亚的首府帕萨加代时，亚历山大与先期到达该地的副统领克拉特拉斯会师。

但是，尼阿卡斯的舰队却一直杳无音讯，这让亚历山大忧心如焚。他深恐尼阿卡斯因沿岸荒凉，无法得到补给而陷入困境。

这天，几个派出侦察的士兵跑回来，匆匆忙忙地闯入营帐中，上气不接下气地报告说：

"陛下，尼阿卡斯回来了。"

亚历山大一听，忙问：

"在哪里？"

"就在帐外。"

"他的舰队怎么样？"

"这个……不清楚。"

亚历山大顿时感到头晕目眩，心如刀绞。他以为尼阿卡斯的舰队已经全军覆没，葬身大海，只有尼阿卡斯和几个幸存者安全归队了。

这时，尼阿卡斯走进营帐。只见他衣衫褴褛，面容憔悴，脸上还留着汗渍，简直就像变了个人。

亚历山大站起身，拥抱着尼阿卡斯哭了好久，好不容易才让自己镇静下来，喃喃说道：

145

"能活着回来就好，这就是不幸之中的万幸了。不过，舰队和全体官兵是如何遭难的？"

尼阿卡斯听完亚历山大的话，笑着说：

"陛下，您的舰队和全体官兵都安然无恙。我来这里，就是为了向您汇报这一情况的。"

尼阿卡斯告诉亚历山大，由于路途艰辛，给养困难，舰队现在正停泊在奥马斯港待命。

这个喜讯完全出乎亚历山大的意料，简直让他大喜过望。他双手合十，大声呼喊着宙斯和阿蒙神的名号，感谢神灵对他的保佑。他流着眼泪说：

"这个消息比我征服整个亚洲都令我感到兴奋！"

从尼阿卡斯口中，亚历山大获悉了舰队海上历险的全过程。原来，在亚历山大启程后，舰队仍滞留在帕塔拉港，直到10月初季风停止后才起航。驶入印度洋后，舰队一边循海岸行驶，一边考察沿岸的自然地理、动植物及种族情况。

海上风大浪急，舰队饱受颠簸之苦，且沿途缺少理想的港湾，抛锚困难，危险极大。在奥瑞泰人地区的柯卡拉港口，舰队得到了十多天的口粮和淡水接济。

在此之后，由于亚历山大被迫转向加德罗西亚内地行进，舰队便失去了陆上接济，只能依靠岸上的椰枣和海里的鱼充饥，淡水供应也发生了困难。

为了获取食物，舰队有时还会打劫沿途土人的部落。但加德罗西亚海岸人烟稀少，这一带的土人也都以生鱼或鱼干为食，很少能吃到粮食。这里的人还处于石器时代，使用石器和木制工具，用大鱼的骨骼搭建房子。

舰队沿途还遇到了鲸鱼群。这些庞然大物喷出高高的水柱，将水手们都吓坏了！尼阿卡斯命令舰队排成战斗队形。水手们都呐喊着，向鲸鱼群猛冲，才终于将鲸鱼吓退。

当舰队驶入卡曼尼亚海域后，岸边有人烟的地方逐渐多了起来，粮食供给也得到了改善。不久，他们便到达霍尔木兹海峡，在奥马斯河口抛锚。当地人很友善，拿出水果招待舰队的官兵。

在附近，水手们发现一个穿着希腊斗篷的人，真是感到又惊奇又亲切。一打听，才知道这是个走失的希腊人。他告诉尼阿卡斯，亚历山大的大营就在附近，离海岸只有四五天的路程。他还将当地的地方官找来，引见给尼阿卡斯，让他带领尼阿卡斯找到了亚历山大的宿营地。

三路大军胜利会师，亚历山大十分高兴，遂在帕萨加代举行了盛大的宴会，同时也是为尼阿卡斯洗尘。

休息几天后，亚历山大又令尼阿卡斯返回奥马斯港，率领舰队直溯波斯湾。

（三）

亚历山大东征的时日太久了，他的庞大帝国亟待整顿，吏治也亟待澄清。那些大权在握的地方总督，见曾经征服他们的国王迟迟不回来，都以为他已在东征途中遇难，于是一个个变得肆无忌惮起来。他们对帝国的臣民横征暴敛，私募雇佣军，侵吞国库财产，形势十分严峻。

现在，他们闻知亚历山大已经驾临卡曼尼亚，都开始害怕起来。有的总督还惴惴不安地赶来接驾，其中有三位是来自米底的将军。

亚历山大早已接到他们的犯罪指控，因此在见到这三位将军后，立即下令处决了其中的两位。卡曼尼亚总督也因谋反罪被处死。

这种严厉的处理措施起到了杀一儆百的作用，那些心怀鬼胎的总督们一个个吓得好像大难临头一样，惶惶不可终日，只好收敛行为，等待亚历山大的裁决。

在这些贪污腐化的封疆大吏中，最让亚历山大失望和难过的莫过于他少年时代的伙友，他的庞大帝国的财政总管哈尔帕鲁斯。他曾因不忠行为而遭放逐，但亚历山大赦免了他，并且还十分信任地让他掌管帝国王室的财产，为他的东征提供后勤财政支援。

然而，哈尔帕鲁斯辜负了亚历山大的信任和重用。在职期间，他滥用、挥霍国王的财产，在巴比伦过着奢侈糜烂的生活。

当哈尔帕鲁斯得知国王归来后，害怕被惩罚，遂携带巨款潜逃到西里西亚，并招募了一支6000人的亲兵卫队。继而又逃到希腊，煽动叛乱，给亚历山大带来了不少麻烦。这是后话。

部队经过休整后，亚历山大又将军队分为两路，一路由大将军赫淮斯提昂率领，沿着温暖的波斯海岸前进；自己则率领一支轻装步骑兵，径直向波斯古都帕萨加代进发。他要恢复帝国的清明政治，向那里的一些贪官污吏和僭越者作彻底的清算。

位于伊朗南部的波斯行省，是波斯人的古老家园。那里有数座都城，帕萨加代是其中最古老的一座，居鲁士大帝的王城。居鲁士大帝的王陵就坐落在帕萨加代的皇家花园中。

亚历山大到达帕萨加代后，不见波斯总督前来迎接，感到很奇怪。后听当地官员禀报说，当亚历山大在印度作战时，总督就已经病故，因此波斯境内已经出现了无政府状态。一个名叫欧克西尼斯的人，在没有王命的情况下，擅自代理这里的总督职务，这才暂时维持了该地区的秩序。

在到达帕萨加代不久，亚历山大就拜谒了居鲁士大帝的陵墓。居鲁士是希腊历史上享有盛名的国王。亚历山大此举一方面出于对居鲁士的真正敬仰，另一方面也是在给波斯臣民做样子，表示他尊重前朝的君主。

然而令他恼火的是，居鲁士大帝的陵墓已遭破坏，墓室内珍贵的陪葬品也被洗劫一空，尸体也被抛出棺外，只有沉重的金棺因不便携带而未遭盗窃，但也被切割得面目全非。

亚历山大下令恢复王陵旧貌，修补金棺，最后用石块将墓门封死，还在封泥上盖上御玺。同时，他还命人严查盗墓者，但最终也没什么结果。

第十九章　欧比斯事件

假如我不是亚历山大，我宁愿做第欧根尼。

——亚历山大大帝

（一）

处理完帕萨加代的事务后，亚历山大又率军向波斯古都波斯波利斯进发。公元前324年2月，亚历山大终于平安回到6年前来过的波斯波利斯。

在这里，亚历山大又产生了一个强烈的愿望：要沿着底格里斯河和幼发拉底河进抵波斯海，去看看这两条河的入海口。

这一想法表明，亚历山大虽然已经率军回国，但依然雄心勃勃，依然不满足于目前已占有的一切。即使是在亚洲之外再加上欧洲，他也感到不满足。他永远都将目光投向远方，追寻那些他还未见过、未拥有的东西。

亚历山大到达波斯波利斯后，波斯的贵族、臣民都纷纷前来拜见国王，同时还起诉了代理总督欧克西尼斯，控告他横行不法，枉杀无辜，洗劫庙宇，盗取王陵。亚历山大愤怒不已，当即派人将欧克西尼斯逮捕处决。

在亚历山大看来，近卫军官朴塞斯塔斯忠诚可靠，在同马利亚人战斗中曾以身护主，不惜用自己的生命保护亚历山大。而且，他还没有其他马其顿人的那种民族优越感，喜欢东方生活的方式。这样的人很容易被波斯人接受，是个合适的总督人选，于是就任命他为波斯省总督。

随后，亚历山大又率兵前往苏萨。苏萨位于帕西底格里斯河以西，曾是古埃及王国的首都，也是波斯帝国的王都之一。

亚历山大来苏萨的目的，也是为了整顿吏治。果然，臣民们见到国王后，纷纷检举总督苏西安内父子违法乱纪。亚历山大毫不客气地逮捕并处决了苏西安内父子。

就在亚历山大采取这些严厉的措施妥善安排波斯各省的政务时，他从印度带回来的哲人卡兰纳斯忽然病倒了。亚历山大闻讯后，立即要请医生来为他诊治。但卡兰纳斯拒绝了，他对亚历山大说：

"我不需要任何医生的治疗。请用印度的传统火葬方法，让我现在就死去。否则，我就用其他的方式自杀。"

卡兰纳斯的话让亚历山大非常震惊。他再三劝说卡兰纳斯接受治疗，不要太固执，但卡兰纳斯就是不听。

亚历山大无奈，只好命近卫军指挥官托勒密负责照看卡兰纳斯，并按照卡兰纳斯本人的要求，给他准备了火葬所用的柴堆。

一切准备就绪后，卡兰纳斯头戴印度式的花环，嘴里唱着给神听的赞歌，被人用担架抬着来到火葬场。

在登上柴堆之前，卡兰纳斯将人们提前放在柴堆上的那些金杯银碗和锦衣锦被等，都一一分给他的门徒。他还向在场所有人一一告别，但唯独没有向亚历山大告别。不过，他最后对亚历山大说：

"咱们到巴比伦再见，我将在那里欢迎您。"

亚历山大当时以为卡兰纳斯是病得太厉害了，在说胡话，根本没有介意，也没有多想这句话到底意味着什么。

说完这句话后，卡兰纳斯从容地走向柴堆，面含微笑，被熊熊燃烧

151

的大火带走了。据说，当时的场面，万众高呼，就连战象都吼叫着为他送别。在场的每一个人，无不对这一悲壮的情景感到惊心动魄。

亚历山大也暗自为卡兰纳斯的这一壮举喝彩不已，因为他从中悟出了一个非常难得的启示：

"当一个人要实现他的愿望时，他可以有多么顽强的毅力和毫不退缩的精神啊！"

也许正是在这种毅力和精神的驱动之下，亚历山大才建立起了一个庞大的帝国。只是，这个帝国还不过是一个松散的军事联合体，并不强大，帝国境内的各个地区和不同民族间存在着很大的差异，风俗习惯、语言文化等，都不相同，而且很难协调和统一，难以形成一个完成的整体。

为了要将这个庞大的帝国建立成为一个真正强大的帝国，除了强调行政、法律要统一之外，亚历山大还十分重视消除各个民族和地域间的隔阂，鼓励各地区、各民族互相往来、互相通婚。

因此，公元前324年春，亚历山大来到苏萨城后不久，就在这里举行了一次盛大的集体婚礼，以加强各地区、各民族之间的沟通与融合。

（二）

这场婚礼的规模和形式都是空前绝后的，应邀参加婚礼的有政府官员和各界要人。婚礼在一个绿草如茵的大广场上举行，广场已经用鲜艳的红布围成了一个圆周约一里的大幕。在幕内，树立了15根大理石柱子，柱子的顶部都镶着金边，华丽夺目。中央设有一张御桌，还有国王的新婚金床和官兵们的新婚银床。

这次集体婚礼的新郎都是马其顿将士，约有一万人，新娘则是波斯或亚洲籍女子。亚历山大提前为所有新娘都置办了嫁妆。

婚礼前，亚历山大早已忘记了自己在巴比伦的第一个妻子罗克塞妮，决定同时再娶大流士三世的大女儿巴西妮和阿塔薛西斯三世的小女儿帕瑞萨迪斯为妻，并让好友赫淮斯提昂迎娶大流士三世的次女。而克拉特拉斯等80余位军官，则各自迎娶了波斯和米底权贵的女儿。

婚礼是按照波斯的礼仪进行的。婚礼开始后，新郎们按照顺序一一入席，大家一起祝酒后，新娘姗姗而来，各自坐在自己新郎的旁边。由于婚礼是在一起举行的，所有一切动作都由亚历山大带头进行。亚历山大给每对新人包括此前已娶波斯女子为妻的官兵，都赠送了礼物，使参会者皆大欢喜。

据当时负责筹办婚礼事宜的官员说，这是一场带有浓厚波斯特色的华丽婚宴，一共持续了5天之久，可以说是一个美丽的"仲夏夜之梦"。

亚历山大希望马其顿的将士们都能迎娶伊朗女子为妻，使东西对立的差别意识逐渐消除，这样才能使他所建立的帝国孕育出一股稳定的力量，并产生新的血统。因此，他鼓励人民互相举行异国婚姻，认为这样才能产生新的意识，增进东西方的了解与和谐。并且他希望少数的马其顿将士们能够在东方定居长住。

可惜，亚历山大所盼望的事情并没有实现。这些马其顿将士虽然迎娶了波斯新娘，可他们只将"结婚"这件事看做是漫长艰苦的军旅生涯以后的安慰和解放而已，并没有认真地将这些娶来的新娘当成自己的妻子看待，多半不愿意将她们带回马其顿。因此，这种民族融合的婚姻并不能产生预期的效果。

亚历山大告诉将士们，如果出生的孩子是男孩的话，一定要将他们带回他父亲的国家——马其顿去受教育。可这些将士们根本不在意对自己的子女的教育，只将这些出生的婴孩当成是一段露水姻缘的副产品而已。

亚历山大的性格强硬，他所决定的事情，不管遇到多大的阻力都决不更改。在他看来，国人不应该像自己的父亲腓力二世那样目光短浅，而应该开阔视野，向更宽广的世界和更开放的意识迈进。因此，他也希望马其顿人民不要只局限在马其顿的一角，而应该更具有世界性的眼光和胸襟。

为此，亚历山大始终执着于他的理想，贯彻他的方针，最终在马其顿王国和亚历山大理想世界彼此不能相容的情况下，无可避免地爆发了"欧比斯事件"。

（三）

苏萨的盛大婚礼结束后，亚历山大开始着手改组军队。自从大流士三世死后，亚历山大即开始吸收波斯人入伍。不过，那些波斯人只能在二线部队服役，部队的核心仍然是马其顿人。

现在，因马其顿军队自印度回来后损失严重，缺额过大，亚历山大便决定挑选三万名优秀的波斯青年入伍，让他们学习希腊语，并接受严格的军事训练，然后再打破马其顿人与波斯人的界限，将他们编入禁卫军和其他一线部队内。

此时在马其顿士兵中，虽然已有不少人娶了波斯女子为妻，可他们却并不愿意与波斯男子在部队中平起平坐，总是看不起他们。只有亚历山大不分他们的民族与国籍，对他们都一视同仁，平等对待。马其顿人看到这种情况，心里自然感到很不满意。

公元前324年夏，亚历山大离开苏萨，乘船直下波斯湾，去巡视底格里斯河和幼发拉底河的入海口。在勘察两河工程中，亚历山大在巴比伦以北240千米处的欧比斯与赫淮斯提昂率领的马其顿大军会合。

在欧比斯，由于考虑到远征阿拉伯的需要，亚历山大宣布要将一切不适合远征的马其顿老兵遣回国。这一做法本来是对那些年老体弱和伤残人员的照顾,可是,马其顿人却认为这是亚历山大偏爱波斯人、排挤马其顿人的表现,于是在全军内部引起了一场叛乱。

马其顿士兵对亚历山大重用波斯人的行为早已不满,只是一直隐忍未发。这一次,他们再也无法忍气吞声了,积蓄已久的不满终于化为公开的抗议声。

"陛下,既然您看我们这么碍眼,不如就把我们统统解散好了,何必只打发一部分呢!"

"是啊,我们都走了,让那些野蛮人帮你打仗好了!"

"有埃及的阿蒙神保佑你,还要我们干什么?"

……

士兵的情绪越来越激愤,言辞也越来越无礼,连阿蒙神也成了嘲弄的对象。亚历山大气得瑟瑟发抖。他已经习惯了东方臣子的谦恭态度,再也无法忍受部下的傲慢无礼,以及那种希腊式的民主了。

事已至此,如果不采取严厉的措施,今后自己还有什么威望统率全军、治理国家呢?想到这里,亚历山大猛地从讲台上跳下来,命令身边的近卫军官立即逮捕带头闹事者。近卫军官立即逮捕了13个士兵,亚历山大下令将这13个士兵拉出去处决。

其余士兵们一见,一个个都惊得目瞪口呆,全场也顿时变得鸦雀无声。亚历山大再次登上讲台,稳定了一下情绪,然后又开始他那感情充沛的演讲。

他指责马其顿人忘恩负义,以怨报德,回顾了马其顿人昔日生活的困苦和在外族面前所受到的屈辱,回顾了父亲腓力二世创业时的艰辛和伟大,以及他为马其顿同胞所带来的巨大福祉和尊严。

他说:

"我的父亲功高盖世,但与我相比,他仍然显得渺小。他留给我的,不过就是几盏金杯和不足60塔兰特的财宝,而他的负债却高达500

塔兰特。我又额外借了800塔兰特。当时，我们的国家还不能让大家生活舒适。可就是从这样一个国家里，我把你们带出来闯荡世界……"

亚历山大又逐一列举了他所征服的东方土地，以及他为部下们所夺取的巨大财富。他激动地说：

"我所做的一切，都是为了你们的荣誉和财富……出征以来，我们无往而不胜，还没有哪个人是在溃败中死去的。……现在，既然你们都想回家，那就统统回去好了！回去告诉你们的同胞，说你们的国王征服了亚洲，兵锋远至印度，比酒神狄奥尼索斯走得还远。如果不是你们退缩，他会走得更远！

"现在，他把你们安全带回苏萨，但你们却要抛弃他，让那些被你们征服的异族去照顾他。你们这样讲一定觉得很光荣，也对得起神明！现在，你们走吧，统统都走吧！"

（四）

亚历山大说完这些话后，跳下讲台，大步走回王宫。士兵们静静地站在王宫门前。他们还是被国王的话深深地打动了，但仍不愿示弱，双方就这样僵持起来。

亚历山大回到王宫后，就将自己关起来，两天闭门不出，也不接见任何人。第三天，他将波斯亲信们召到宫内，让他们分别掌管军队各部，并组建了一支以波斯人为骨干的伙友步兵和骑兵，还有一支波斯银盾卫队。

马其顿士兵听到这个消息后，再也沉不住气了。他们一起跑到王宫门口，将手中的武器都扔在地上，高声地呼喊着、哀求着，希望能得到国王的宽恕。

亚历山大闻讯立即走出宫门。他看到多数士兵都在抽泣，自己也激动地流下眼泪。一名骑兵军官说道：

"陛下，马其顿人伤心的是，您称波斯人为亲人，允许他们吻您，可马其顿人却没有这样的权利。"

亚历山大忙说：

"可是我一直都将你们当成是亲人，今后我也会这样称呼你们。"

大家都跑上前亲吻他们的国王，场面热烈而感人，然后又纷纷拿起武器，高唱凯歌返回营地。

为了庆祝这一次的和解，亚历山大在欧比斯举行了一场盛大的宴会，有近万名将士参加。亚历山大举杯向将士们致意，希望将来马其顿人和波斯人能够和睦相处。他说：

"在亚历山大帝国这个共同政体内，各族人民都将是伙伴而不是主仆。"

这次宴会是以亚历山大为中心而形成的同心圆。当然，愈靠近内侧的位置越重要，亚历山大特别将马其顿人安排在里面，将波斯人安排在外面，从而让马其顿的将士们重新感受到亚历山大仍然是"我们的王"。

宴会结束后，大约有一万名马其顿官兵在自愿的基础上向他们的国王告别，然后带着丰厚的赏金，由大将克拉特鲁斯率领，踏上了返乡之路。

亚历山大之所以派克拉特鲁斯率领马其顿人返乡，是有一定目的的。他准备让克拉特鲁斯回去接替主管马其顿政务的安提帕特。安提帕特与王太后奥林匹娅斯一直不和，双方都不断写信给亚历山大，向亚历山大告对方的状。亚历山大一向孝顺母亲，只是限制她干预政务。他虽然信任安提帕特，但又不愿违逆母亲。经多次调解无效后，他决定调回安提帕特，让克拉特鲁斯回去接替他的职务。

从欧比斯向西，亚历山大进入米底地区。在那里，他视察了放牧御马的尼萨大平原。不久，米底总督送来了100名女骑兵，声称她们是阿

157

玛宗女武士，是专门前来为国王效力的。

阿玛宗是传说中骁勇善战的女人部落，是战神阿瑞斯的后裔。在神话传说中，她们居住在黑海南岸，偶尔与邻近的男性部落交往，以繁衍后代。如果分娩的是男婴，就一律溺死，只留下女婴。她们从小就练习骑马、习武、射箭。为了便于右臂挥舞兵器和拉弓射箭，母亲还会将自己女儿的右乳割下。

传说，希腊英雄赫拉克勒斯曾经夺取阿玛宗女王有爱情魔力的腰带；雅典英雄忒修斯还抢劫了她们的女王，并与之结婚；阿玛宗人为夺回女王曾进犯雅典，但被忒修斯击败；在特洛伊战争中，阿玛宗人是特洛伊的盟友。

希腊人一向都将有关阿玛宗人的神话当成是真实的历史，相信阿玛宗女人国是真实存在过的。但居住在黑海南岸的希腊殖民者从未见过那里有女人部落，阿玛宗女人国确切的地址也变得模糊起来。亚历山大在东征过程中，也一直不曾遇到阿玛宗人。但此时此地，她们却自己上门来了。

这些女骑手使用长矛作为武器，不像传说中那样，使用战斧；而且，她们的右乳也完好无损。历史学家不相信她们是真正的阿玛宗人，可能只是邻近某个骁勇善战的母权制传统浓厚的部落女子。

亚历山大一向尊重女性，也不会让她们去冲锋陷阵，他认为这对男人是不光彩的。而且，他也担心部队中的男性士兵会对她们粗暴无礼，因此好言将她们打发走了，并让她们转达自己对女王的问候，许诺有朝一日会亲自前往拜访。

这一年的秋天，亚历山大是在米底首府额克巴塔纳度过的。为庆祝东征的胜利，亚历山大还举行了隆重的体育和文艺竞赛。只是让亚历山大情绪不佳的是，他的挚友赫淮斯提昂病倒了。

赛会最热闹的一天，亚历山大莅临运动场观摩，一个侍从匆匆赶来禀报他说，赫淮斯提昂已处于弥留之际。亚历山大急忙赶回宫中探望。可当他回来时，赫淮斯提昂已经去世了。

战友的不幸亡故让亚历山大悲痛欲绝。他顾不上王者的尊严，真情毕露，抚尸恸哭。他甚至拒绝进食，整日躺在床上哭泣。

为纪念亡友，亚历山大下令出巨资在巴比伦为赫淮斯提昂修建一座豪华的王室规格的火葬台。他还下令永久保留以赫淮斯提昂名字命名的部队番号，拒绝再任命新的骑兵大将，只让博迪卡斯代行其职。

亚历山大在他所征服的地区建立了许多希腊移民城市，现今已发现了20多座，被称为亚历山大城。其中，最远的城市达到今吉尔吉斯斯坦和印度，而最有名的是则是埃及港口的亚历山大里亚，在此后2000年间一直都是地中海地区的一大经济文化中心。这些希腊移民城市也成为传播希腊文化的中心，使中东地区在此后几百中进入了"希腊化时代"。

第二十章　巴比伦离世

人死后，连一点尘埃都不能带走。

——亚历山大大帝

（一）

公元前323年春，亚历山大回到了他所选定的帝国首都巴比伦。在那里，他接受了利比亚及意大利诸国的朝贺。利比亚大使还献给他一顶皇冕，并称他为"亚洲之王"。

与外邦使节一同入朝的，还有希腊同盟各邦的代表。他们或领有宗教使命，如来自奥林匹亚和德尔斐等希腊圣地的代表；或是来进献贺礼的；或是因边界争端而前来提请国王仲裁的；或因不愿接收政治流亡者返国而向国王陈情的；或是抱有其他特殊目的的；等等。

亚历山大热情地接待了这些希腊代表，并将昔日被波斯掠走的希腊文物退还给他们，让他们满意而归。但在流亡者返回家园的问题上，他拒绝做出任何让步。

亚历山大不是那种能够安享太平的君主，他的目光永远都在远方，对荣誉和领土的欲望也是永无止境。因此，在休息了一段时间后，他又开始策划新的宏伟计划，准备去开拓、征服新的地域。

亚历山大的下一个目标是征服阿拉伯半岛，开辟从波斯湾通往埃及的海上通道。如果这个目标能够实现，不仅阿拉伯半岛将划入帝国版图，从印度至埃及的海上通道也将畅通无阻，而且还能为帝国进一步向西扩张打下基础。

这将是一次海上远征，需要强大的舰队，仅靠尼阿卡斯从印度带回的那支轻型舰队是远远不够的。当务之急，就是要建造大型军舰，建立军事港口。

随后，在波斯湾的底格里斯河河口，一座新的亚历山大城拔地而起；在巴比伦附近的幼发拉底河畔，一个能容纳千艘战舰的大军港开始动工。远征所需的战船在腓尼基海岸拆卸装车，从陆路运到幼发拉底河上游，重新组装后，再顺流开赴巴比伦军港；水手们也是从腓尼基招募的。

亚历山大还多次派人考察阿拉伯半岛的航路，获悉阿拉伯半岛十分辽阔，面积几乎等同于印度。他还多次亲自乘船考察幼发拉底河下游的沼泽地带，并选址建立了最后一座亚历山大城，将其作为日后入侵阿拉伯半岛的桥头堡。

到了夏初，远征阿拉伯半岛的准备工作已经进入最后的关键阶段。亚历山大每天都全身心地关注着，一切都显得有条不紊。

然而就在这时，一件让所有人都意想不到的事情发生了。国王病倒了，并发起了严重的高烧。10天后，这位威名盖世的一代英王，竟然撒手尘寰。

这天晚上，在与将士们痛饮狂欢之后，大家建议再举行一次新的宴会。亚历山大此时已经处于半醉状态，因此热情地赞同了这个建议。

重新举行的宴会大约有二十几人。亚历山大为了显示他没有喝醉，开始向每个人单独祝酒。当时有一种很大的杯子，叫做赫拉克勒斯之杯，亚历山大下令拿上来。在倒满之后，他向在场的每一个马其顿人敬酒，并祝愿他们健康长寿。

亚历山大的这个行为赢得了热烈的掌声。于是，他命令继续向杯中倒满酒，就像刚才一样，再向另一个人敬酒。

忽然，亚历山大一下子倒在地上，并且昏迷过去。大家急忙将他送回王宫，这时发现亚历山大已经发起了高烧。医生到来后，极力为亚历山大退烧。

在逐渐恢复神智之后，亚历山大挣扎着站起来，想要告诉大家，他这次也一样可以康复。他还开始给军队和战船下指令，就好像对权力和帝国的关注会将他从通往坟墓的道路上拉回来一样。他相信自己绝不会死。

（二）

亚历山大很快发现，尽管他很想重新振作起来，但他身体上的力量却在迅速消失。生病的第三天，亚历山大已经没有力气自己行动了，只能躺在担架上被抬着去祭神。

祭祀完毕后，亚历山大继续躺在床上，与军官们讨论了此次远征的计划，并准备三天后让陆军出发，四天后舰队开始起航。

晚上，侍从们又抬着亚历山大，乘船驶向幼发拉底河对岸，住进皇家花园的别墅中。在为他沐浴后，亚历山大沉沉地睡去。

到了第四天，亚历山大照例献祭、沐浴，还指示军官们来日拂晓早朝。然而这天夜里，他又开始高烧。

第五天，亚历山大仍然高烧不退，只能强打精神听取尼阿卡斯等将领们的汇报，并亲自部署两天后部队起航的事宜。

此后几日，亚历山大的病情不仅毫无转好的迹象，反而日益恶化，但他仍然每天坚持召集军官们部署出航事宜。

到6月11日这天，病入膏肓的国王搬离花园别墅，移驾巴比伦王宫。亚历山大沉睡了片刻，醒来后已经不能说话了。但他还算清醒，尚能辨认出前来探望他的将领们。

这时，整装待发的士兵们都焦急地等候在宫外。有关国王驾崩的谣言已开始在军营中流传，悲痛的情绪充溢着军营，大家都渴望能与自己崇敬的统帅作最后的告别。

亚历山大的病情还在迅速恶化。当他苏醒后，意识到自己这次可能真的是行将就木时，只好悲痛地同意了士兵们的要求。

于是，12日一大早，官兵们排着整齐的队伍，怀着万分沉痛的心情进入王宫。大家眼含泪水，默默地从昔日那个英勇无畏、驰骋疆场，如今却已处于垂死状态的国王身边鱼贯而过。此时的亚历山大已不能讲话，只能抬着头以注目为礼，对官兵们作了最后一次检阅。

第二天，即公元前323年6月13日傍晚，一代英王亚历山大驾崩，年仅33岁。

由于病逝过于仓促，亚历山大没有来得及安排他的身后之事。他去世之后，留下了一个横跨欧、亚、非三大洲的庞大帝国，一个草创的百废待兴的国家，一个尚未成行的远征，还有一个尚未出世的遗腹子。在生命年华的鼎盛时期，亚历山大带着事业未竟的无限遗恨离去了。据说，在他临终前，当朋友们问他打算将他的帝国王位留给谁时，亚历山大虚弱地回答了这样一句话：

"留给最值得的人。"

很显然，亚历山大应该也在回避这个问题。因为他很清楚，自己死后，他的庞大帝国根本没有人能够控制。事实上，他也预料到了这个答案会引发对王位继承权的争夺，但他这一次真的是无能为力了。

（三）

亚历山大去世后，结果像所有人所预料的那样，他虽然征服了大片的领土，可在他死后，这些地方却连续陷入混乱和内战。每一位将军和统治者，都拼命地抓住自己手中的权力，并极力扩大。这些战争带来的毁灭和痛苦，在欧洲和亚洲持续了很长时间，并在缓慢的可怕中逐渐恢复到最初各自独自的情形之下。

在亚历山大刚刚去世后，他的那些将军们立即聚集在一起，试图任命一个可以立即掌握全局的人，因为亚历山大没有留下合法的继承人。即使在病床上，也拒绝指定具体的继承者。他的第一位妻子罗克塞妮在他死后不久生下一个儿子，这个儿子最终也被任命为亚历山大庞大帝国的继承人。

与此同时，一个名叫安提柯·贡纳特二世的亲戚被推选为摄政人。之所以选择安提柯·贡纳特二世，其实是亚历山大的将军们的一种妥协。因为这个人没有任何天分或能力，每个人都认为，有这样一个人对帝国进行名义上的掌控，可以让他们握住手中实际的权力。

安提柯·贡纳特二世接受了任命，但除了名字，他从未像一个真正的国王一样，行驶过任何国王的权力。

亚历山大的死讯像浪潮一样，席卷了他的整个帝国，同时也产生了各种各样不同的影响。有些人因为他所完成的功绩而尊敬他，为他的死亡而叹息；而那些财富被掠夺，亲朋好友被他在征服过程中杀死的人，都纷纷庆祝这样一个灾星终于死亡了。

当这个消息传到雅典时，雅典街道和所有公共场合都充斥着疯狂而混乱的狂欢。雅典共和国和其他南部希腊城邦都是在无奈之下才屈从于马其顿。他们曾经反抗过腓力二世，也反抗过亚历山大，虽然敌对的行为因亚历山大在底比斯的可怕复仇而被镇压下来，但从未真正消失过。

因此，当亚历山大的死讯传到雅典时，整个城市都陷入一种狂欢之中。他们在公共场合集合，庆祝并发表演说。他们宣扬独立，宣布立刻与马其顿开战。

此后不久，雅典人便将放逐的狄摩西尼召回，并采取了所有必要的军事措施来保证他的自由。狄摩西尼的回归就像是一个胜利的征服者的降临。在他被召回时，所有社会界和宗教界的重要人物都来迎接他。许多居民跟在后面见证了这一盛况，并不时地发出胜利的欢呼。

与此同时，亚历山大葬礼的准备工作也在进行着。根据埃及和迦勒底的传统，亚历山大的尸体首先要经过防腐处理，然后被安放在雕刻精美的金棺之中。他将会这样被运送到最终的安息之地。

亚历山大的临终前曾下令，他的尸体应该被放在埃及绿洲中的朱庇特·阿蒙神庙之中，因为他曾在那里被宣称是神的儿子。虽然这种迷信的说法很荒谬，但毕竟是他的命令，他的将领们最终也决定依照他的指示执行。

尽管亚历山大的葬礼无比壮丽和奢华，可他的遗体却最终没能被运送到目的地。亚历山大死后，埃及落入托勒密的掌控之中。他带领大量的随从在埃及边境见到了葬礼的队伍。出于某些原因，托勒密更愿意将亚历山大的尸体埋葬在亚历山大城。就这样，亚历山大的遗体最终埋葬在亚历山大城。

托勒密在那里为亚历山大建造了一座宏大的纪念碑，据说一直存在了1500年，只是现在它所有的痕迹都消失了。

而亚历山大所建立的庞大帝国，在他去世后也变得四分五裂，并最终按自然疆域分裂成为三个王国。其中，马其顿仍然是中央的核心，由安提柯·贡纳特二世统治；而最远印度由康德拉古普兹统治，并迅速分离出去；埃及由托勒密统治，这就是埃及的托勒密王朝，一直传到后世与恺撒结婚的埃及艳后克里奥佩特拉为止；亚洲部分由塞琉古统治，这就是后世与罗马帝国庞培、克拉苏等人征战不休的塞琉古帝国。

亚历山大大帝生平大事年表

公元前356年 7月，亚历山大诞生于马其顿首都培拉，父亲为腓力二世，母亲为伊庇鲁斯国公主奥林匹娅斯。

公元前343年 腓力二世命亚历山大拜亚里士多德为师，学习近3年。

公元前340年 腓力二世向雅典开展，亚历山大开始摄政。

公元前338年 腓力二世与亚历山大在喀罗尼亚战役中击败底比斯人和雅典人。

公元前337年 腓力二世与亚历山大的母亲奥林匹娅斯离婚，然后再婚。

公元前336年 腓力二世遇刺身亡，亚历山大继位，成为马其顿国王。

公元前335年 毁灭底比斯，并进军多瑙河。

公元前334年 前往亚细亚，并在格拉尼库斯河之战中击败大流士三世。

公元前333年 在伊苏斯之战中击败大流士三世。

公元前332年 攻陷提尔，到达埃及。

公元前331年 建立亚历山大港。在高加米拉之战中打败大流士三世。占领巴比伦及苏萨。

公元前330年 到达波斯波利斯，焚毁在波斯波利斯的薛西斯皇宫。大流士三世被害。

公元前329年 巴克特里亚人与粟特人反抗亚历山大。

公元前327年 打败巴克特里亚人，并与巴克特里亚女子罗克塞妮结婚。

公元前326年　渡过印度河。在希达斯皮斯河打败伯鲁斯。将士们要求返乡，只好踏上归途。

公元前325年　与马利亚人作战，深受重伤，一度濒临险境。抵达印度河三角洲，沿河岸西行，与尼阿卡斯舰队会合。

公元前324年　到达苏萨，整顿吏治。在苏萨举行集体婚礼。将三万名波斯人编入军队，裁减一万余名马其顿军人。

公元前323年　回到巴比伦。拟定远征阿拉伯半岛计划，并预计6月4日出发。6月10日晚，亚历山大病死于巴比伦，年仅33岁。